송가원의 뒷골목 맛세상

송기원의 뒷골목 맛세상

ⓒ 송기원, 2006

초판 1쇄 인쇄일 | 2006년 1월 6일
초판 1쇄 발행일 | 2006년 1월 11일

지은이 | 송기원
펴낸이 | 김현주
펴낸곳 | 이룸

편 집 | 안은경
디자인 | 김경미
제 작 | 김동영 · 조명구

출판등록 | 1997년 10월 30일 제10-1502호
주소 | 121-840 서울시 마포구 서교동 395-172 상록빌딩 2층
전화 | 편집부 (02)324-2347, 영업부 (02)2648-7224
팩스 | 편집부 (02)324-2348, 영업부 (02)2654-7696
e-mail | erum9@hanmail.net
Home page | http://www.erumbooks.com

ISBN 89-5707-181-4 (03810)

값 15,000원

● 잘못된 책은 교환해 드립니다.
● 저자와의 협의하에 인지는 붙이지 않습니다.

송기원의 뒷골목 맛세상

| 송기원 |

이룸

| 목차 |

1부_ 사람 향기 가득한 뒷골목 맛세상

흑석동 연못시장　009
탑골의 따뜻한 맛집들　018
황혼의 종묘공원과 〈천막집〉　027
인사동의 작은 맛집들　035
인사동 맛집　043
피맛골　052
공덕동 시장 안의 인심　058
남대문시장 갈치조림　067
동대문시장 먹자골목　075
강남의 맛집　084
여의도의 맛집들　092
신촌 대학가 골목　102
삼각지로터리 일대　111
네 모녀 〈목포산낙지〉　120

2부_ 이국 향기 가득한 뒷골목 맛세상

가리봉 조선족 골목　131
관철동 퓨전 요리　139
로데오거리 퓨전 요리　147
안산 '국경 없는 마을'　155
인천 차이나타운　164

3부_ 여행 길에서 만난 뒷골목 맛세상

일산의 맛집들　175
'분당음식'의 자존심　184
모란시장의 먹을거리　193
인천의 음식특화거리　202
해넘이 섬 강화도　211
가평의 자연과 맛　220
양평의 강변길　228
안성의 요리 명가　236
화성의 봄나들이　244
이천 신둔 · 사기막골　253
여주〈걸구쟁이네〉　259

1부

사람 향기 가득한 뒷골목 맛세상

흑석동 연못시장

20여 년 전 미당 선생의 추억 아련

1980년대 5월 무렵이었다. 소위 '80년의 봄'으로 불리던 그때 나는 복학생 신분이 되어 뒤늦은 나이에 마지막 남은 학기를 채우려고 흑석동에 있는 중앙대학교를 다니던 중이었다.

오후를 갓 넘긴 시각에 대학교 정문에서 시인인 미당(未堂) 서정주 선생을 우연히 조우하게 되었다. 나는 학교에서 내려오고 선생은 이제 막 학교로 올라가면서 서로 엇갈리는 식이었다.

미당 선생은 내가 꾸벅, 고개를 숙여 인사를 하자, 어어, 하고 그 자리에서 멈추어 서더니 가방을 들지 않은 손으로 덥석 내 손을 잡았다.

"자네, 잘 만났네."

내가 무슨 일인가 싶어 작은 눈을 크게 뜨자 미당 선생이 말을 이었다.

"자네, 지금 바쁜가?"

"아니, 그렇지는 않습니다만."

"그러면 잘 됐네. 자네 여기서 오 분만 기다려 줄 수 있겠나?"

"예, 그러지요."

"딱 오 분일세. 내 얼른 학교에 올라가서 휴강하고 옴세."

미당 선생은 말을 마치자마자 몸을 돌려 뛰다시피 빠른 걸음으로 사라져 갔다. 나는 도대체 선생에게 무슨 황급한 일이라도 생긴 것이랴 싶어 얼마간은 걱정스러운 마음으로 기다리고 있었는데, 선생은 십 분이 채 못 되어 다시 나타났다. 그리고 아직도 헐떡이는 숨을 가쁘게 몰아쉬며 나에게 물었다.

"자네, 여기 연못시장에 대해 잘 안다면서?"

"예, 알기야 압니다만……."

무슨 뜬금없는 연못시장인가 싶어 내가 말꼬리를 흐리자, 미당 선생은 다시 내 손을 덥석 잡았다.

"잘 됐네. 자, 연못시장에 가 보세."

"아니, 이런 벌건 대낮에요?"

미당 선생은 얼굴 전체에 주름이 지도록 특유의 너털웃음을 활짝 터트렸다.

"와하핫, 이 사람아, 자네하고 나 사이에 술 마시며 노는 자리에서 어디 낮 밤을 따진 적이 있었던가?"

하기는, 얼마든지 맞는 말이었다. 미당 선생은 일찍이 내가 1960년대 미아리에 있던 서라벌예술대학에 다닐 무렵부터 시를 배운 스승이기도 하였는데, 돌이켜 보면, 바로 1학년에 갓 입학한 신입생 때부터 우연찮게 선생과 술자리를 어울리기 시작하여 2학년이 되어 군에 입대할 때까지 거의 일주일에 한 번 꼴로 술자리를 함께 했던 터였다. 주로 길음시장 안에 있는 소위 니나놋집이라고 부르는 막걸리집을 드나들었는데, 삼사십 대의 나이 든 여인들이 젓가락 장단에 맞추어 흘러간 유행가도 불러 주고, 입에 안주도 넣어 주는 집이었다. 그런 집에서 어쩌다 내가 술집 여자의 가슴에 손이라도 넣거나 아니면 입이라도 맞추고 있노라면 미당 선생은 대번에 쯧쯧, 혀를 찼다.

"어허, 쯧쯧, 스승 도는 되는데 제자 도가 안되는구먼 그랴."

미당 선생은 고작해야 옆에 앉은 술집 여자의 손이나 조물거리고 있었는데, 한편으로는 혀를 차면서도 한편으로는 그런 나를 귀여워하는 기색이 역력하였다. 미당 선생과 나 사이에 이따금 이시영 시인이 합석을 하고는 했는데, 이시영보다는 일찍부터 되바라진 장돌뱅이 악동 출신으로 니나놋집 문화에 호가 난 나를 선생은 더 귀여워해 주었다.

"자네를 보면 말이야, 꼭 젊은 시절의 나를 보는 것 같거든."

미당 선생은 어쩌면 나의 되바라진 장돌뱅이 악동 모습에서 선생의 대표시이기도 한 〈자화상〉의 한 구절을 돌이키고 있었는지도 몰랐다.

……스물세햇동안 나를 키운건 팔할(八割)이 바람이다./세상은 가도가도 부끄럽기만하드라/어떤이는 내눈에서 죄인(罪人)을 읽고가고/어떤이는 내입에서 천치(天痴)를 읽고가나/나는 아무것도 뉘우치진 않을란다.//찰란히 티워오는 어느

아침에도/ 이마우에 언친 시(詩)의 이슬에는/ 멫방울의 피가 언제나 서꺼있어/ 볓이거나 그늘이거나 혓바닥 느러트린/ 병든 숫개만양 헐덕어리며 나는 왔다.

선생은 내가 위악적으로 놀면 놀수록 그런 내 모습에서 젊어서 힘든 시절의 선생의 시의 이마를 적셔 내리는 몇 방울의 피를 바라보고 있었을지도 몰랐다.

각설하고, 중대부속고등학교 교정에서 새어 나오는 라일락 향기가 나른한 봄날 오후의 흑석동 길을 걸어, 이제는 일흔에 가까운 나이가 된 선생과 서른을 훌쩍 넘긴 제자가 다시 한 번 위악적인 악동이 되기 위하여 연못시장을 찾았다. 연못시장이란 흑석동 시장과 배수장 사이에 있는 술집 거리를 일컫는 말이었는데, 길음시장 안의 니나놋집과는 달리 비교적 젊은 여자들이 술도 팔고 노래도 하는 곳이었다.

외로움과 눈부심을 알게 했던 연못시장

연못시장은 시쳇말로 집창촌처럼 드러내 놓고 몸을 파는 식은 아니었지만, 술집 아가씨들과 서로 눈만 잘 마주치면 얼마든지 하룻밤의 연애도 가능한 곳이었다. 대학시절의 한때 나는 퇴폐주의나 탐미주의에 깊이 빠져 아예 그런 연못시장 안에 있는 개선여인숙의 3층에 월세로 방을 빌려 산 적이 있어서, 술집 아가씨들과는 손님의 관계를 떠나서 옆집 오빠처럼 누구와도 친한 사이이기도 했었다.

연못시장 안의 목포집이라는 곳에서 옆에 아가씨들을 끼고 앉자, 미당 선생은 단숨에 술 한 잔을 넘기고 나서 지그시 눈을 감더니 참으로 행복한 표정이 되어 말하였다.

"부처님께서 내 남은 생애를 불쌍히 여기셔서 오늘 자네를 나한테 보내 주셨네."

미당 선생의 한 마디에 나는 어쩔 수 없이 가슴 한 곳이 찌르르, 아파왔다. 모르기는 해도 나는 그때 처음으로, 나이가 들면 찾아온다는 저 깊은 외로움과 눈부심을 함께 보았을 것이었다. 미당 선생은 그렇듯 외로움과 눈부심이 함께 깃든 표정으로 나에게 술잔을 내밀었다.

"자, 드세나. 더군다나 지금은 봄이 아닌가. 꽃이 피면 벙어리도 우는 봄이란 말일세."

내가 '꽃이 피면 벙어리도 우는 봄'이란 말에 감탄을 하자, 미당 선생은 와하하, 특유의 너털웃음을 터뜨렸다.

"그게 사연이 있거든. 동리 있잖은가, 왜, 자네 소설 스승 동리말이야. 그 동리가 아직 소설가가 되기 전에는 원래 시를 썼었거든. 시인이 되겠다고 말일세. 그런 어느 날 동리가 나를 찾아와서 시를 썼다면서 외우지 않겠나. 그래서 들어보니 과연 좋더라고. 벙어리도 꽃이 피면 운다니 얼마나 좋나. 암, 꽃이 피면 벙어리도 마땅히 울어야지, 내가 탄복을 해서 몇 번이고 그 구절을 암송하자, 자세히 듣던 동리가 손을 휘휘 내젓는 걸세. '그게 아이라, 그게 아이라, 벙어리도 꽃이 피면이 아이라 꼬집히면 인기라. 벙어리도 꼬집히면 운다.' 알고 보니 꽃이 피면이 아니라 꼬집히면이었던 게야. 그래서 동리에게 내 당장에 시를 집어 치우라고 호통을 쳤지. 동리가 마침내 유명한 소설가가 된 데는 내 덕도 있을 걸세."

시장 대신 푸짐한 먹자골목이

김동리 선생의 '꼬집히면'을 흥보던 그때부터 다시 훌쩍 스물 몇 해가 흘러가 버린 지금 미당 선생은 물론 김동리 선생마저 세상을 달리하여 먼 곳으로 떠났고, 연못시장 또한 술집 거리의 기능이 아예 폐쇄된 채 빈민가가 되어 재개발을 기다리는 운명이 되었다. 참으로 오랜만에 다시 찾은 연못시장 어디에도 이제는 저녁마다 화려한 한복을 떨쳐입고서 목청껏 흘러간 유행가를 불러대던 꽃다운 아가씨들은 자취도 없고, 죽음 같은 적막만이 감돌고 있었다. 나는 바로 그런 적막 속에서 얼핏 미당 선생의 쯧쯧, 혀를 차는 소리를 들었다.

"이 사람아, 쯧쯧, 더 이상 뭘 찾겠다고 아직도 연못시장을 헤매나?"

연못시장은 사라졌지만, 대신에 연못시장 주변으로는 서민들의 땀내가 물씬 풍겨나는 맛집들이 먹자골목을 이루며 처마를 맞대고 이어져 흑석동 시장까지 뻗어 있다. 생고기집, 돼지갈비집, 횟집, 풍천장어집, 떡볶이집, 라면집, 치킨집, 모둠전집, 순대집…….

〈엉터리생고기〉(02-814-3376)는 동작대로의 흑석동 버스정류장에서 내려

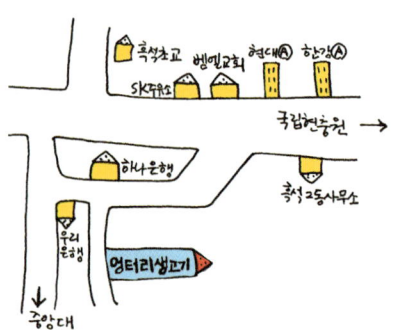

흑석동 시장으로 가는 골목 안에 있는 생고기 전문집이다.

〈엉터리생고기〉는 정육점과 식당을 겸하고 있는데, 뜻밖에도 삼십 대 초반의 잘생긴 젊은이가 주인이다. 중·고등학교 때 날렸던 씨름선수 출신인 하윤철 씨는 역시 씨름선수 출신인 친구 박영준 씨와 함께 사이좋게 식당을 운영하고 있는데, 고기의 질이며 양은 대한민국의 어디에 내놓아도 빠지지 않는다며 자부심이 대단하다. 그런 자부심은 일찍이 독산동 도매시장에서 83호점을 운영하던 하윤철 씨의 어머니 김정순 씨로부터 이어받은 것이기도 하다.

고기맛 보려면 족히 1시간은 기다려야

〈엉터리생고기〉는 저녁 무렵에는 손님이 너무 많아 한 시간 가까이 기다려야 하는 일도 예사인데, 그렇듯 손님이 몰리는 데는 무엇보다도 푸짐하면서도 싱싱한 생고기에 이유가 있다. 돼지고기의 경우에는 암퇘지만을 사용하는데, 그이는 고기의 깊은 맛을 알려면 반드시 얼리지 않은 생고기를 먹을 것을 강변한다. 뭔가 고기에 양념을 하거나 와인 따위로 숙성을 하는 식은 고기 자체에 하자가 있을 수 있다는 것이다.

〈엉터리생고기〉는 돼지고기뿐만 아니라 소고기 또한 특수 부위가 전문이다. 돼지고기의 경우 생항정살, 생갈매기살, 생오겹살, 생삼겹살, 생목삼겹살, 돼지등심의 끝부분에서만 나오는 가브리살 등이 1인분 300그램에 7,000원인데 세 명이서 2인분만 시켜도 충분할 만큼 양이 풍성하다. 돼지 한 마리라는 돼지고기 모듬에는 위에 나오는 여러 부위가 다 들어 있는데, 1킬로그램에 2만 원으로 4~5인이 먹기에 충분한 양이다.

쇠고기의 경우 갈비에서 뼈를 추려 낸 갈비본살이 1인분 300그램에 1만 3000원, 안창살, 토시살, 차돌박이, 등심, 육회 등이 1만 5000원에다가 보리소 한 마리라는 쇠고기 모듬에는 역시 여러 부위를 모아서 1킬로그램에 4만 원인데, 이 또한 4~5인이 먹기에 충분한 양이다.

생고기를 불판에 노릇노릇하게 잘 구워 낸 다음 참기름에 적셔 파무침을 얹어 마늘을 더해 상추며 깻잎에 싸 먹는데, 생고기의 고소함과 부드러움이 그야말로 입 안에서 사르르 녹아나는 느낌이다. 불판의 중심에 올려놓게 되어 있는 된장찌개는 손님이 원하는 한 얼마든지 무료로 리필이 가능하다.

동작대로에서 흑석동 중앙대학교 병원으로 들어오는 길목에 〈부산오뎅〉이라는 작은 규모의 일본식 선술집이 있다.

중년답지 않게 앳되어 보이는 오경자 씨가 주인인데, 언젠가 일본에 갔다가 불과 서너 명이 들어서면 꽉 찰 것 같은 선술집의 작고 아담한 규모에 매력을 느껴 마침내 일본식 선술집을 차린 것으로, 밀창문을 들어서는 순간, 아아, 여기에 미당 선생이 함께 있다면 하는 뜻밖의 아쉬움이 들었던 곳이다.

  미당 선생이라면 분명히 신명이 나서 나에게 일본 술을 마시는 여러 가지 복고조의 방법들을 일러주었을 터이다.

  "이 히레소주란 건 말씀이야, 일본말로는 히레사케라고 하지. 소주를 한소끔 가볍게 끓여 내어 복어 지느러미를 넣고 이번에는 라이터로 불을 붙여 잠깐 알코올의 나쁜 기운을 걷어 내는데 말씀이야, 정종대폿잔에 가득 부어 훌훌 마시면, 아랫배에서부터 차츰 따뜻한 기운이 온몸으로 퍼져간다 이 말씀이야. 추운 겨울에는 언 몸을 녹이는 데 최고거든. 어디 몸뿐이겠는가? 허방이라도 짚듯 자꾸 마음이 허전한 이들한테도 최고지."

  〈부산오뎅〉이 더 반가운 것은 히레소주가 정종대폿잔으로 한 잔에 2,500원이라는 사실이다. 강남이나 명동 같은 여느 번화가 거리의 오뎅집이 똑같은 잔에 8,000원인 데 비하면, 이게 무슨 횡재냐 싶게 거의 공짜 같은 기분이 된다. 게다가 탁자에서 모락모락 김을 내고 있는 유부, 맛살, 곤약 등 10가지 오뎅들은 한 꼬치에 1,000원이어서 히레소주나 히레정종의 안주 삼아 하염없이 먹어도 값이 몇 천 원밖에 되지 않는다.

  술 종류는 이밖에도 정종대포, 냉정종 등의 일본 술 외에도 소주나 청하, 천국, 백세주며 맥주 같은 우리 술도 다양하게 있다. 안주 또한 오뎅 이외에도 오징어 데침, 고등어구이, 열빙어구이, 계란찜, 번데기, 은행구이 등이 있는데, 각각 7,000원이다.

탑골의 따뜻한 맛집들

2004년 11월에 열린 민족문학작가회의 30주년 기념식에서는 약간 색다른 공로상이 발표되었다. 민족문학작가회의에서 한 술집 주인에게 공로상을 주기로 한 것이었다. 이 공로상은 주인공이 나타나지 않아 끝내 시상을 하지 못하고 말았는데, 기념식에 참석한 문인들은 한결같이 안타까운 빛이 역력했다.

공로상의 주인공은 한복희라는 이로 〈탑골〉이라는 카페의 주인이었다. 카페 〈탑골〉은 이름 그대로 탑골공원 뒤편 골목에 자리해 있었는데, 1980년대부터 주로 문인들을 위시한 예술인들이 마치 제집 안방처럼 무람없이 드나들던 곳이었다. 탑골을 드나들던 문인들로는 위로는 시인 신경림, 민영, 김지하, 작가 황석영을 비롯해서 시인 이시영, 작가 박범신, 김성동이며 나를 거쳐 아래로는 시인 강형철, 이영진, 박철, 김사인, 작가 김영현에 이르기까지 적어도 작가회의에 적을 둔 문인들로서는 한두 번 이곳을 드나들지 않은 이가 없을 정도였다.

술집 주인에 공로상…… 한 가닥 미안한 마음 달래

미처 헤아릴 수 없는 많은 문인들이 드나들었다고 해서, 작가회의가 굳이 〈탑골〉 주인에게 공로상까지 마련한 것은 아닐 터이다. 지금에 와서도 1980년대의 〈탑골〉 시절을 돌이키면, 저 암흑 같은 시절을 과연 〈탑골〉이 없이 제대로 견딜 수 있었을까 하고 의구심이 들고는 한다. 이를테면 〈탑골〉이야말로 정신적인 공황상태에 빠져 허우적대는 문인들에게는 참으로 제집 안방처럼 아무 때나 무람없이 찾아들어 술이며 안주로 배를 채우고, 더 나아가 지친 몸을 기대고 쉴 수 있는 공간이었다.

15년 가까운 시간이 흐른 지금에 와서 문인들이 한낱 술집 주인에 불과한 한복희 씨에게 기꺼이 공로상을 주기로 한 데에는, 너나없이 그이에 대한 그리움과 함께 한 가닥 미안한 마음을 지울 수 없기 때문인지도 모른다. 그랬다. 그때나 지금이나 마찬가지로 주머니가 넉넉하지 못한 문인들이 얼마든지 외상으로 굶주린 배를 채울 수 있고, 게다가 술청의 아무데나 쓰러지는 식으로 잠자리까지 해결할 수 있는 곳은 〈탑골〉 말고는 달리 없었으리라. 〈탑골〉이 문을 닫은 후에, 오죽하면 문인들 때문에 결국 〈탑골〉이 망했다는 이야기까지 나왔을까.

1980년대의 〈탑골〉 풍경에 대해서는 시인 이시영이 〈김사인의 흰 고무신〉이라는 산문시에서 다분히 해학적으로 묘사하고 있다.

그날 밤은 모든 것이 예정된 것처럼 보였다. 폭우 속을 뚫고 김사인이 왔었고 흰 고무신을 신고 있었고, 새로 막 시작된 술자리가 새벽으로 이어지고 있을 때였다. 천둥소리 속에 밖에서 누가 희미하게 나무문 두드리는 소리가 들려왔다. 놀란 설연이가 귀를 쫑긋 세우고 달려가 문을 열었더니 송기원과 나의 처가 거센 빗줄기 속에서 기세 등등 들이닥치고 있었다. "복희년 나오라고 그래!" 바로 그때였다. 나와 송 사이에서 묵묵히 고개를 떨구고 있던 사인이가 갑자기 일어나 문밖으로 내빼는데 흰 고무신 신은 발이 비호처럼 빨랐다. 그리고 빗속을 번개처럼 가르며 사라졌다. 복희 씨가 졸린 눈을 뜨기도 전에, 송과 나의 처가 시퍼렇게 걷어붙인 팔을 풀기도 전에 일어난 아주 순식간의 일이었다.

1980년대라면 개인적으로는 삼십 대에서 사십 대로 접어든 언저리의 나이이다. 그리고 이미 살아낸 삶은 물론이려니와 또한 앞으로 살아 내야 할 적잖은 부피의 삶이 너무 무거워서 비단 술에 취하지 않아도 거의 날마다 어쩐지 걸음이 비틀거리던 나이이다.

그렇듯 비틀거리는 걸음은 때로는 지극히 퇴폐적인 행태로, 때로는 황폐한 스캔들로 나타나 〈탑골〉 주변에 숱한 에피소드를 남겼다. 그러나 스스로 돌이켜보면 그렇듯 퇴폐적이고 황폐한 나이에 내가 그나마 사람 냄새를 풍길 수 있었다면 그것은 순전히 〈탑골〉 덕분이었다. 나의 사람 냄새 속에는 분명히 〈탑골〉의 따뜻하고 넉넉한 분위기와 주인 되는 이의 너그러운 품성이 깃들어 있을 터이다.

골목 어느 집이든 2,000~3,000원이면 한 끼 해결

기이하게도 탑골공원 주변에는 카페 〈탑골〉 비슷한 분위기의 식당들이 적지 않다. 이를테면 돈을 버는 장사라고 여기기에 앞서, 우선 배고픈 손님에게 자신이 만든 음식을 베푸는 즐거움이 앞서는 식당들이다. 탑골공원 담벼락을 끼고 돌아 낙원상가가 시작되는 어름에서 카페 〈탑골〉로 들어가는 바로 입구에 있는 〈유천식당〉(02-764-2835)은 아예 간판에 '봉사하는 마음으로 영업합니다' 하고 무슨 구호처럼 써 놓았다. 식당에 들어가서 한 그릇에 2,500원짜리 설렁탕이나 돼지머리국밥을 시켜보면 그 구호가 결코 빈말이 아닌 것을 알 수가 있다. 설렁탕이며 돼지머리국밥은 양도 양이지만 맛 또한 여느 5,000원이나 6,000원짜리 식당보다 뒤지지 않는다. 게다가 한 그릇으로 양이 부족한 이라면 시쳇말로 얼마든지 리필이 가능하다.

밥보다 술이 우선인 손님이라면 한 접시 수북이 쌓아 올린 3,000원짜리 돼지고기에 소주 한 병이나 막걸리 한 주전자면 충분하다. 이 〈유천식당〉이 탑골공원 뒷골목에 한 그릇에 1,500원짜리 추어탕의 〈소문난추어탕집〉이나 2,000원짜리 황태해장국의 〈황태식당〉이나 2,000원짜리 선지해장국의 〈고향집〉 등을 있게 한 원조격이다. 〈유천식당〉의 주인 되는 문용춘 씨는 80이 가까운 나이인데, 여전히 정정한 몸으로 주방을 맡고 있다. 벌써 40년이 넘게 한 자리에서 설렁탕과

1부. 사람 향기 가득한 뒷골목 맛세상 021

돼지머리국밥만으로 식당을 해 온 그이는 평안남도 덕천에서 1·4 후퇴 때 월남한 피란민 출신인데, 어릴 적부터 하도 배고프게 자라서 자신만이 아닌 남들까지 실컷 배불리 먹이는 것이 소원이었고, 그 소원이 자연스럽게 식당을 하게 했다.

일찍이 할아버지로부터 비롯하여 자신은 물론 자신의 아들까지 벌써 4대째 독실한 천도교 집안인 그이는 자신이 만드는 음식 속에는 '사람이 하늘이다'는 천도교의 인내천(人乃天)사상이 들어있다는 말을 서슴지 않았다. 그이로서는 식당을 처음 열었을 때 한 그릇에 500원이었던 설렁탕 값이 40년의 세월이 흐르면서 2,500원으로 오른 것이 못내 마음 한 구석에 찜찜한 모양이었다. 그런 그이는 평생토록 집 한 채 마련해 본 적이 없이 지금도 일산의 백석동에서 셋방살이를 하고 있다.

십 년 동안 가정식 백반 한상에 2,500원 고수

지하철 5호선 종로 3가역에서 내려 4번 출구를 나와 낙원오피스텔 쪽으로 20미터쯤 걸어오면 길 건너편에 낙원장모텔과 세느장모텔 골목이 있다. 이 낙원장모텔 골목을 굽어 돌면 〈수련집〉이니 〈찬미식당〉이니 〈남양식당〉이니 하는 난데없는 2,500원짜리 가정식백반집들이 나온다. 그리고 그 끝에 바로 이 골목에 2,500원짜리 가정식백반집이 있게 한 원조격인 〈부산집〉(02-744-2331)이 숨어 있다.

〈부산집〉 또한 돈 버는 장사에 앞서 배고픈 손님에게 자신의 음식을 베푸는 즐거움이 우선인 집인 것은 마찬가지다.

가정식백반에는 병어조림이며 조기조림에서부터 미역무침, 김, 콩나물, 갓김치, 배추김치 같은 반찬들이 수북수북 나오고 미역국에 고봉밥까지 곁들여 한 상을 이루는데, 이 푸짐한 한 상에 2,500원이라는 사실이 전혀 믿어지지 않는다. 이 집 또한 밥이며 반찬이 손님의 양에 따라 얼마든지 리필이 된다.

〈부산집〉에는 가정식백반 이외에도 3,000원짜리 돼지갈비탕이 있는데, 만일 몸은 물론 마음까지 함께 허한 이라면 마땅히 돼지갈비탕을 권하고 싶다. 돼지갈비탕도 반찬은 가정식백반으로 나오는데, 주인의 인정이 함께 전해 와서 허한 마음이 저절로 채워질 터이다.

국수보다 해물이 더 많이 들어간 칼국수

얼핏 주방을 올려다보면 전통 한옥의 대청마루에 떡억 하니 자리 잡은 주방 한 가운데에서 주인 되는 이영자 씨가 눈이 마주치기가 무섭게 기다렸다는 듯이 말을 걸어온다. "뭐 좀 더 드려?" 환갑 언저리에 이른 그이의 넉넉한 자태와 반말 비슷한 말투가 어쩐지 마음 한 쪽에 따뜻하게 스며오는 것을 느끼며 수저를 들면, 자칫 목이라도 멜 것 같은 기분이 되고 만다. 그이는 10년 전에 이 골목에 2,500원짜리 가정식백반집을 차린 후에 단 한 번도 값을 올린 적이 없이 그대로 지켜 내고 있는 고집불통이기도 하다. 모르기는 해도 단골

손님들의 이제 그만 밥값을 올리라는 주문은 한마디로 내칠 것이다.

"올려서 뭐하게?"

역시 지하철 5호선의 종로 3가역 4번 출구를 나와 낙원오피스텔 앞으로 오면 건너편에 희망상회가 있는데, 바로 그 골목에 〈찬양집〉(02-743-1384)이라는 칼국수집이 있다. 〈찬양집〉 또한 돈 버는 장사에 앞서 배고픈 손님에게 자신의 음식을 베푸는 즐거움이 우선인 것은 당연하다.

주인 되는 김옥분 씨는 환갑 언저리에 이른 고운 자태인데, 어쩌다 반가운 단골손님이라도 오면 처녀 같은 수줍음이 그대로 드러나는 순진한 표정이기도 하다.

나로서는 카페 〈탑골〉 시절부터 비롯하였으니 20년 가까운 단골이기도 한데, 나보다 오랜 단골손님들 중에는 800원부터 시작한 칼국수 값이 지금 3,500원으로 올랐다는 것에 대해 누구 하나 토를 다는 이가 없다. 오히려 칼국수 한 그릇에 국수보다 더 많이 들어가는 듯한 갖은 해물들을 대하다 보면, 이것을 정말로 3,500원만 받아도 장사가 될까 하는 걱정을 앞세울 뿐이다.

사랑의 칼국수 〈찬양집〉

〈찬양집〉에 가면 1990년대 초에 내가 어느 일간지 칼럼에 썼던 이 집에 대한 기사가 그대로 스크랩되어 벽에 걸려 있다. 이제 노랗게 빛이 바래 글씨조차 제대로 알아보기 힘든 기사를 힐끔거리다 보면, 비틀거리던 40대 언저리의 내가 그대로 되살아오는 기분이기도 하다.

종로 3가에서 낙원상가로 빠지는 한옥 뒷골목에 내가 잘 가는 칼국수집이 있다. 좁은 공간을 최대한 살리느라고 벽을 빙 둘러가며 송판을 붙여 탁자를 대신했고, 그것으로도 모자라 행인들이 지나다니는 골목길에까지 탁자를 마련하였다. 내가 이 칼국수집을 다니기 시작한 지도 5년 남짓 되었다. 주로 몇 십 년을 다니는 이 집의 단골들의 경력에 비하면 나는 어쩌면 단골이랄 수도 없을지 모른다.

내 스스로도 어쩌지 못하는 병적인 감정 중의 하나로, 이따금씩 자신이 사람이라는 것 자체가 싫어서 못 견디는 순간이 있다. 한편으로는 어디 발길에 굴러다니는 돌멩이 하나에라도 정을 쏟고 싶은 마음 여린 순간도 있다. 그럴 때면 나는 이 칼국수집을 찾는다. 그리하여 칼국수가 마련되는 동안 주인아주머니가 밀가루 반죽을 밀어 칼국수를 만드는 것을 구경하다가 마침내 칼국수를 먹는다. 그렇게 칼국수를 먹으면서 이따금씩 한두 방울 눈물을 찔끔거리기도 한다. 그러다 보면 나는 언제 그랬듯 못 견뎌 했냐 싶게 기분이 좋아져 있다. 스스로는 역시 세상은 살 만한 곳이라고까지 생각한다. 물론 칼국수 만들기에 바쁜 주인아주머니는 손님에게서 그런 일이 일어나리라고는 터럭만큼도 짐작하지 못할 것이다. 나 혼자서 칼국수 한 그릇에 그렇듯 감동을 하는 것은 무엇보다도 이 집이 지니고 있는 선의(善意)이다.

자, 우선 칼국수 한 그릇에 들어가는 재료 좀 보아라. 화학조미료는 일체 사용하지 않은 채 멸치를 끓여 우려낸 국물에는 커다란 대합 한 마리에, 맛살

조개에, 미더덕에, 미역에, 호박에, 감자에, 깻잎에, 김 가루에…… 이런 건더기들이 오히려 수제비보다 많을 지경이다.

    그리고 2,000원만 내면 양은 먹을 수 있는 한두 그릇도 좋고 세 그릇도 좋다. 독실한 신앙인인 주인아주머니는 살아가는 일이 너무 힘들어서 차라리 죽을까 하던 어느 날 기도 중에 예수님이 나타나 바로 칼국수집을 해서 사람들에게 사랑을 베풀라고 일렀다는 것이다. 나 같은 무신론자 비슷한 사람에게도 이런 경우 예수는 참 재미있는 분이다.

황혼의 종묘공원과 〈천막집〉

　미국 작가 데이비드 샐린저의 자전적 장편소설 《호밀밭의 파수꾼》은 이제 막 소년기에서 청년기로 넘어가는 주인공 홀든 콜필드를 통해 사회의 거짓이나 위선이 어떻게 한 젊은 영혼을 소외시키고 끝내 파멸로 몰아가는가를 진지하게 묻고 있다.

　1980년 비틀스의 멤버 존 레넌을 암살한 마크 체프먼의 손에는《호밀밭의 파수꾼》이 들려 있었다. 그의 손에 들려 있었던《호밀밭의 파수꾼》은, 그의 암살 동기가 바로 거짓과 위선에 대한 콜필드의 절규 때문이라는 증언으로 인해 더욱 유명해지고 급기야 영미 문화권에 '콜필드 신드롬'을 불러일으키기도 했다.

노인들만의 놀이터로 변한 종묘공원

고등학교에서 퇴학당하고 뉴욕의 밤거리를 방황하던 주인공 홀든은 무심코 택시운전수에게 센트럴 파크의 연못에서 살고 있는 오리들에 대해 묻는다.
"겨울이 되어 연못에 얼음이 얼면 오리들은 어디로 가는지 혹시 알고 계세요?"
어쩌면 홀든으로서는 자신을 뉴욕이라는 연못에서는 더 이상 살 수 없는 한 마리 오리로 여겼는지도 모른다.
이제 막 초겨울의 을씨년스러운 풍경이 펼쳐지기 시작한 종묘공원에 들어서서, 추위에 그대로 노출된 채 여기저기 삼삼오오 떼를 지어 웅숭그리고 있는 70~80대의 노인들을 바라보자, 나는 어쩔 수 없이 홀든의 질문을 기억에 떠올렸다. 그리고 덧붙였다.
"겨울이 깊어지고 종묘공원에 추위가 몰려오면 노인들은 어디로 갈까?"
애오라지 노인들만이 모여 노인들만의 놀이터로 변한 종묘공원은 얼핏 훔쳐보면 그다지 보기에 좋은 정경은 아니다. 비가 오거나 눈이 내려도 몸을 가려 줄 만한 변변한 지붕 하나 없는 노천의 벤치에서 어떤 이들은 바둑이나 장기판에 여념이 없고, 어떤 이들은 시국에 대한 이야기로 목청을 높이고, 어떤 이들은 맨땅에 주저앉아 소주나 막걸리를 마시고, 어떤 이들은 낡은 노래방 기기의 노랫가락에 맞추어 한껏 몸을 흔들어대며 막춤에 몰두해 있다. 이것도 저것도 아닌 어떤 이들은 눈에 뜨이게 남루한 행색으로 아예 맨땅에 몸을 웅숭그린 채 대낮부터 죽음처럼 혼곤한 잠에 빠져 있기도 하다.

우연히 종묘공원에 들른 젊은이들이나 아직 노인 축에 끼어들기에는 어정쩡한 40~50대의 중년들은 노인들의 여러 모습에 흡사 못 볼 것이라도 본 양, 서둘러 얼굴을 돌리며 발걸음을 빨리 한다.

그런가 하면 아예 눈살을 찌푸리며 도전적인 기세로 노인들을 휘둘러보는 이도 없지 않다. 노인들의 여러 모습 중에 어느 하나도 전혀 마음에 들지 않는다는 표정이다. 그 중에서도 젊은이들일수록 혐오의 기색마저 숨기지 않는다. 사회며 가정 어디에서도 소외되어 마침내 종묘공원 이외에는 더 이상 갈 곳이 없는 노인들의 집단이 젊은이들로서는 어쩐지 무익하게 여겨지는 느낌인 것이다.

어떻게 보면 우리 사회는 10년, 20년 후가 아니라 벌써부터 고령화 시대에 접어들어 있는 것인지도 모른다. 그렇듯이 고령화 시대의 노인 문제가 누구도 외면할 수 없는 바로 우리 자신의 문제가 되어 있는 것이다. 종묘공원에 와서 한 나절만 노인들과 함께 시간을 지낸다면, 비록 젊은 청춘의 나이일지라도, 그대는 이미 노인들이 겪어 내는 저 막막한 황혼의 시간이 검붉은 노을처럼 그대의 가슴에 무겁게 덮쳐오는 것을 절감할 터이다.

누구에게도 환영받지 못하는 잉여의 시간?

나이 60을 넘어서 70, 80을 넘기고 자칫하면 90에서 100까지 넘겨야 하는 저 캄캄하고 무료하며 누구에게도 환영받지 못하는 잉여의 시간. 그리하여 벌건 백주대낮부터 종묘공원을 찾아 바둑이나 장기, 혹은 소주 한 잔이며 낡은 유행가 가락에 맞추어 몸을 흔들게 하는 잉여의 시간. 이 잉여의 시간은 정말로 그렇듯 어둡고 부정적인 의미밖에 없을까.

시인이며 구도자이기도 한 유도혁은 일찍이 〈하느님 비오는 날에〉라는 시에서 하느님을 전혀 뜻밖의 모습으로 묘사했다.

구주죽이 내리는 비/비닐우산으루 가리우고/골목길을 지나시는 하느님. 빗물에 젖은 바짓가락처럼/썰렁한 어깨./슬그머니 들어오시어/따끈한 시래기국, 막걸리잔으루/목이나 축이구 가셨으면……

시인 유도혁의 눈에 비친 하느님은 저 높은 천상의 어디에선가 우리를 굽어보며 지고지순한 은총을 베푸는 하느님이 아니라, 오히려 가난한 시인이 시래깃국에 막걸리 한 사발이라도 대접해야 할 춥고 배고픈 하느님이다. 그리고 시적 정경으로 보아 하느님은 결코 젊은 나이가 아니며 오히려 노인에 가깝다.

얻어 마신 술기운으로 막춤도 춰보고……

비단 유도혁이 묘사한 하느님이 아니더라도, 계룡산이며 지리산 혹은 히말라야의 깊은 곳에서 마음공부를 하는 이들 중에서는 이 시대의 하느님은 저마다 거지며 지체부자유자의 행색으로 세상의 낮은 데를 두루두루 돌아다니며 온몸으로 세상의 악기(惡氣)를 빨아들이고 있다고 믿는 이들이 드물지 않다. 그런 하느님은 어쩔 수 없이 일상의 우리가 그토록 혐오해 마지않는 소외된 인생의 모습으로 나타난다.

　1970~1980년대 종로 5가 기독교 회관에서는 매주 금요기도회가 열리고는 했다. 이 금요기도회에는 바로 군사정권에 맞서 싸우다가 감옥에 끌려간 소위 양심수들을 위한 기도회였다. 그리고 기도회 석상에서 겁 없는 목사들은 감히 목소리를 높여 부르짖고는 했다.

　"여러분, 지금 우리나라에 하느님이 와 계십니다. 불의한 권력에 맞서 투쟁하고 있는 이 땅의 모든 소외된 민중들이 바로 하느님인 것입니다."

　어떤가, 이런 식의 낮은 하느님이라면 어렵사리 멀리서 찾을 필요도 없다. 오늘 종묘공원에 삼삼오오 떼를 지어 웅숭그리고 있는 이들이 다름 아닌 다중의 하느님이 아니랴.

　아침 일찍부터 삼양동이나 상계동, 혹은 천호동이나 구로동에서 무료 전철이며 버스를 타고 나와서 12시가 되면 무슨 종교기관에서 나누어 주는 무료 급식으로 끼니를 때우는 하느님. 바둑을 두는 이들에게 바둑 훈수를 하고, 장기 훈수도 하고, 우국지사의 시국에 대한 열변에는 이따금씩 고개도 끄덕이는 하느님.

　어쩌다 마음씨 좋은 이웃을 만나면 돼지머리고기 한 점에 소주 한 잔을 얻어 마시고, 그 기운으로 다른 이들의 노랫소리에 맞추어 몸을 흔들며 막춤을 추는 하느님. 이윽고 황혼의 시간이 되어 종묘공원에도 땅거미가 스며들면 저마다 뿔뿔이 흩어져가는 일행들의 꽁무니를 따라 어디론가 종적을 감추는 하느님.

　마음공부를 하는 이들은 하나같이 입을 모아 주장한다. 새로운 개벽이야말로 물질개벽이 아닌 정신개벽이며 그 개벽의 요체는 바로 무소유(無所有)라고.

무소유야말로 자본주의가 과학과 더불어 이루어 낸 물질 개벽의 악기를 몰아낼 유일한 힘이라고. 그이들의 주장대로라면, 세상살이에 더 이상 욕심내어 아등바등할 것도 없고 세상살이에 더 이상 더하거나 뺄 것도 없이, 이제는 다만 한 끼니의 무료급식과 한 잔의 소주, 혹은 부침개 한 점에 배를 채우고 낡은 노래방 기기의 가락에 따라 막춤을 추는 종묘공원 노인들의 저 잉여의 시간 속에도, 무소유가 새로운 정신개벽의 힘으로서 푸르게 싹트고 있는지도 모른다.

뒷골목엔 없는 게 없는 색다른 먹을 거리

그대가 종묘공원에서 어느새 노인들과 정이 들었다면 그대는 우선 저녁 어스름이 시작되는 무렵에 종로 3가 보도에 즐비하게 늘어서 있는 포장마차로 가라. 거기에는 역시 노인들을 상대로 한 온갖 먹을거리들이 흔히 생각하는 상식적인 포장마차보다 화려하고 다양하게 구비되어 있다. 3마리에 5,000원 하는 메추리, 2마리에 5,000원하는 꽁치, 2마리에 1,000원하는 양미리 외에도 장어·곰장어·꼬막·전어·곱창·생굴·부침개·돼지불고기·허파볶음 등 이루 헤아릴 수 없을 정도다. 그대가 아무 먹을거리나 고른들 5,000원에서 1만 원 사이다.

종묘공원 매표소 왼쪽 일대에는 수구레라는 약간 색다른 먹을거리를 파는 〈종로수구레〉, 〈미니식당〉, 〈대명식당〉 등을 만날 수 있다.

소 껍질로 만든 〈수구레〉(3,000원)를 위시해서 닭발·돼지껍질·북어찜·두부김치·생선구이·오징어볶음·순두부술국·순대술국·소내장술국·넙치찜·모듬전·해물탕·생선매운탕·닭도리탕·감자탕 등 없는 것이 없다. 가격 또한 비싸지 않아 3,000원, 5,000원에서 1만 원 안팎인데, 1만 원짜리는 서너 사람이 먹을 양으로 충분하다.

이밖에도 파고다공원으로 가면, 공원 담벼락을 밖에서 따라 도는 뒤편에 역시 노인들을 상대로 하는 식당들이 몇 군데

있다. 〈풍년집〉, 〈신토불이식당〉, 〈초원식당〉 등이 그곳인데, 먹을거리가 저마다 약간씩 다르다.

이를테면 풍년집은 3,000원짜리 홍어찜에 홍어회·계란탕·삶은 오징어·생굴·순두부·조기·동태찌개 등이 3,000원에서 5,000원 사이이다. 〈신토불이식당〉은 2,000원짜리 황태해장국·콩비지·소뼈선지해장국에 2,500원짜리 닭육개장 등이 있고, 〈초원식당〉은 우거짓국이 1,500원에, 닭 반 마리 2,500원, 고등어자반 2,000원, 계란말이 2,000원, 묵무침 2,000원, 계란프라이 1,000원, 알배추 1,000원 등이다.

온몸으로 무소유 실감

만일 그대가 종묘공원 어디에고 널려 있는 저 많은 잉여의 시간들 속에서 무소유를 온몸으로 실감하고 싶거든, 주차장 사무소 옆에 숨어 있는 〈천막집〉으로 가라. 주로 노인들만이 이용하는 천막집에서 1,500원짜리 소주나 막걸리에 3,000원짜리 돼지머리고기나 2,000원짜리 부침개 한 접시를 사들고 주변의 맨땅에 퍼질러 앉아라. 그리고 아무 노인이라도 붙들고 소주 한 잔에 돼지머리고기 한 점을 권해라. 비단 그대가 아니라도 일대를 둘러보면 결코 혼자서 아구아구 먹고 마시는 노인들은 없다. 마침내 술병이 비거든 가까이에서 벌어지고 있는 춤판에 그대 또한 서슴없이 끼어들어라.

젊은 그대가 끼어든들 노인들 중의 누구 하나 흘겨보거나 시비하지 않을 터이다. 그렇게 끼어들어 즐기는 틈틈이 옆에 있는 노인들의 표정을 훔쳐보아라. 저마다 흥에 겨워 눈에 초점마저 사라진 신명의 노인들은 이미 조금 전까지 그대가 상식으로 알던 저 잉여시간 속의 노인들이 아니다.

세상살이에 더 이상 더하거나 뺄 것도 없이, 세상살이의 시시비비는 훌쩍 벗어나 애오라지 낡은 노랫가락 하나에 인생 전체를 실은 채 흔들거리는 신명의 노인들. 그 노인들이야말로 다름 아닌 무소유 자체이다. 어떤가, 무소유를 온몸으로 실감한 그대 또한 이미 무소유하지 않으랴.

인사동의 작은 맛집들

인사동은 흔히 '거리의 박물관'이라고 불린다. 화랑에서부터 공예품이며 골동품을 파는 가게에 이르기까지 고급스러운 문화의 향취가 풍겨난다. 더군다나 얼마 전부터 관광특구로 지정돼 거리 미화 작업이 진행되고, 기다렸다는 듯이 문화 자본이 쏟아져 들어오면서 인사동은 더욱 세련되고, 멋들어졌다.

음식점 상호엔 멋들어진 우리말

화가나 도예가, 공예인, 문인 같은 예술인들이 터전을 삼아 노니는 곳에 어찌 멋이 뒤따르지 않겠는가. 그들의 발자취가 두루 머무는 곳에 멋이 빠진다면 그야말로 속 빈 강정에 다름 아닐 터이다. 멋스러운 거리에 자리를 잡은 먹고 마시는 맛집들 또한 어찌 멋들어지지 않겠는가.

　인사동의 맛집들은 우선 상호에서부터 맛이 다르다.

> 오늘같이 좋은 날, 千강에 비친 달, 바람 부는 섬, 소금인형, 황금비늘, 두레명석, 오 자네 왔는가, 툇마루, 놀부가 기가 막혀, 흥부가 기가 막혀, 북치구 장구치구, 사람과 나무, 우리 그리운 날은, 평화만들기, 달고동, 보릿고개추억, 조각하늘, 좋은 씨앗, 달새는 달만을 생각한다, 뜰 앞에 잣나무, 아빠가 어렸을 적에, 낮에 나온 반달, 완자무늬, 머시 꺽정인가, 모깃불에 달 끄슬릴라, 풍경소리…….

　얼핏 둘러봐도 가히 그 멋들어짐은 시인의 상상력을 넘어선다. 멋들어진 것이 어디 상호뿐이랴. 다양한 먹을거리 또한 멋들어져서, 〈은정〉이나 〈선천〉, 〈사천〉, 〈이모집〉 같은 전통 한정식에서부터 재첩 요리만을 전문으로 하는 〈섬진강〉, 다슬기 요리만을 전문으로 하는 〈풍류사랑〉, 홍어만을 전문으로 하는 〈홍어가 막걸리를 만났을 때〉, 〈홍어천하〉, 사찰 음식 전문의 〈산촌〉, 녹차대나무쌈밥이며 녹차너비아니 등 밥이며 요리에 녹차를 이용한 〈차이야기〉, 야채 커리나 마살라 같은 인도 요리의 〈작은 인디아〉, 된장비빔밥의 〈툇마루〉에 이르기까지 불쑥 어느 집에 들어가도 멋들어지지 않은 요리가 없다.

　어쩌면, 인사동에 한 가지 흠이 있다면 바로 그 멋들어짐이 너무 지나치다는 데에 있는지도 모른다. 멋이 멋으로만 머물지 않고 멋 자체가 상품화되어 거리에 넘쳐난다면 그런 멋은 이미 멋이 아니다. 멋들어짐이 지나치면 곧바로 건들거리는 법이 아니겠는가. 그렇게 건들건들, 건들거리면 자칫 사람 냄새를

잃고 만다. 만약 인사동 거리가 죄다 사람 냄새를 잃고 건들거리고 있다면?

　인사동에 언제부터인가 사십 대 언저리의 중년 여인이 있는 듯 없는 듯 모습을 드러냈다. 그이는 인사동 네거리에서 안국동 방향으로 10미터쯤 오르는 왼편 골목에 역시 있는 듯 없는 듯 조그만 맛집을 냈다.

　〈작은 뜨락〉이라는 상호인데, 원래 건물 옆에 버려진 골목이었던 것을 위는 차양으로 가리고, 건물 벽에 의지해 폭 1미터에 길이 5미터 남짓한 공간을 마련했다. 폭이 너무 좁아 일반 탁자를 놓을 수가 없어서 벽에 긴 나무 판때기를 붙이고, 바닥에는 겨우 엉덩이를 걸칠 만한 간이 의자를 놓았다. 이 집에서 먹고 마시기 위해서는 한껏 몸을 웅숭그린 채 본의 아니게 면벽을 해야 한다.

인사동 풍류객들의 참새 방앗간

　한 마디로 멋이라고는 찾아볼 수 없는 맛집에다가 주인 되는 노인자 씨도 멋하고는 아예 담을 쌓은 이였다.

　화장기 없는 얼굴에 한 주먹 움켜잡아 뒤통수에 질끈 동여맨 꽁지머리, 아무렇게나 차려입은 차림새. 한 술 더 떠, 먹고 마시는 소위 물장사가 난생 처음이어서 음식을 마련하고 상을 차리고 셈을 헤아리는 일도 서툴다. 그야말로 엉망이었다. 손님이 "여기 얼마요." 하면 "몰라요. 먹은 만큼 알아서 주세요."

가 대답이고, 대구와 동태라는 생선을 구별하지 못해 대구를 동태로 파는가 하면 손님이 계산을 않고 나가도 숫제 알아내지를 못했다. 멋대가리라고는 없는 〈작은 뜨락〉의 진가를 인사동의 눈 밝은 이들이 못 알아볼 리 없었다.

〈툇마루〉의 바깥주인이자 '집도 절도 주민등록증도 없이' 떠도는 시인 박중식, 동숭동에서 〈작가폐업〉이라는 카페를 운영하는 예사롭지 않은 작가 배평모, 누구나 알아주는 시대의 낭만주의자인 시인 김사인, 한국판 비용으로 통하는 시인 김신용, 인사동 화단의 마당발 화가 장경호, 588여인들의 사진전으로 이름을 날린 사진작가 조문호, 십수 년에 걸쳐 인도를 헤맨 끝에 《우리는 지금 인도로 간다》는 인도 안내서를 내고 아울러 〈인도로 가는 길〉이라는 여행사를 운영하고 있는 인도전문가 정무진 등 소위 인사동의 풍류객으로 통하는 이들이 마치 고양이가 생선냄새를 맡고 찾아오듯 차례로 〈작은 뜨락〉에 모여들었다.

나중에 알고 보니 노인자 씨는 물장사만 난생 처음인 것이 아니라 돈을 버는 일 또한 처음이었다. 학교를 졸업하고 난 이후 지금까지 단 한 번도 돈이라고는 벌어 본 적이 없는 노인자 씨는 돈을 쓰는 일에는 누구보다도 화려한 이력이 붙은 이였다. 일찍이 불교계의 내로라하는 큰스님 아래서 포교사 비슷하게 아시아 각국이며 유럽을 거쳐 아프리카까지 돌아다녔는데, 세 번이나 말라리아에 걸려가며 아프리카를 종단하여 굶주린 현지인들을 위해 아낌없이 돈을 썼다.

이를테면 몸과 마음 전체를 바쳐 30년 가까이 중생구제라는 보살행을 해 온 셈이었다. 그런 그이가 어느 날 획하고 머리가 돌아 그만 맛집을 차려 돈을 버는 일을 하고 말았다.

인사동의 눈 밝은 풍류객들이 맨 먼저 알아본 것은 다름 아닌 주인 되는 이의 사람냄새였을 터이다. 그런 그이들로서는 적어도 〈작은 뜨락〉이 그대로 망하는 꼴은 두고 볼 수가 없었다. 그리하여 그이들은 주인을 대신하여 나름대로 〈작은 뜨락〉을 살리는 일에 나섰다. 이를테면 셈이 어두운 주인을 대신해 모자를 돌려 자신들이 먹고 마신 만큼 돈을 거두어 스스로 셈을 헤아리고, 한 접시에 5,000원을 넘지 않는 한도에서 입맛에 맞는 안주를 개발해 내고, 무엇보다도 〈작은 뜨락〉을 연락처 삼아 주인이 있든 없든 하루에 한두 번은 꼭꼭 들렀다. 그리고 그이들은 마침내 〈작은 뜨락〉만의 규칙을 만들었다. 술과 안주는 한 사람이 1만 원을 넘지 않는 선에서 1차를 마감한다. 만일 차수를 변경하여 2차로 넘어가면 다시 모자를 돌려 1만 원을 추가하는데, 절대로 외상은 없다.

〈작은 뜨락〉은 4,000원짜리 우거지 해장국이 있어서 식사도 할 수 있다. 술안주는 서산에서 이틀에 한 번 꼴로 택배로 부쳐 오는 어리굴젓과 자연산 생굴이 있는데, 배춧속에다가 생굴을 쌈 싸먹는 맛이 신선하다. 그밖에 조기며 자반고등어 같은 생선구이며 생선찌개도 있다.

〈작은 뜨락〉에 처음 가는 이라면 마땅히 조심해야 할 것은 자칫 요술 같은 시간의 흐름에 휘말리는 일이다. 우연히 합석하게 된 풍류객들과 잠시 잠깐 웃었는데, 낮술 한 잔이 어느 새 2차, 3차를 넘어 다음날 새벽까지 이어진다.

사찰 음식 전수받은 된장찌개·들깨탕

인사동 네거리에서 종로 2가 쪽으로 몇 걸음 걷지 않으면 덕원갤러리 옆

골목 깊숙이 〈고샅길〉(02-734-3371)이라는 한식 전문집이 역시 있는 듯 없는 듯 멋 부리지 않고 있다.

한옥의 사랑채를 개량한 듯 주방까지 합쳐 10평 남짓한 실내에 대여섯 개의 식탁이 있는 작은 집이다. 출입문 쪽의 벽을 터서 통유리창을 달고 거기에 진열해 놓은 종발 같이 앙증맞은 도기들이 무슨 꽃들이라도 재잘거리며 피어나듯이 아름답다.

뿐만 아니라 좁은 공간에 매달아 놓은 화분들이며 실내장식들은 어디에서나 주인의 깔끔하고도 섬세한 손길이 그대로 묻어나와 은은한 향기를 풍긴다. 〈고샅길〉 주인 되는 이는 박진숙·경숙 두 자매인데, 이중에서 언니 되는 박진숙 씨가 도예가여서 이들 종발이며 요리에 쓰이는 접시와 그릇들을 모두 포천에 있는 작업실에서 직접 구워 낸 것이다. 동생인 경숙 씨는 식품영양학과 출신으로 원래부터 음식 솜씨가 뛰어났는데, 솜씨를 아낀 언니의 권유로 인사동까지 나서게 되었다.

〈고샅길〉의 특징은 요리에서 밑반찬에 이르기까지 어느 것 하나 정갈하면서도 깊은 맛이 우러나지 않는 것이 없다는 점이다. 그중에서도 고샅길된장찌개(5,000원)와 산사들깨탕(1만 원)이 일품이다. 메주를 쓰지 않고 알콩 자체를 띄워 만드는 절에서만 전해 오는 비법으로 담근 된장을 원료로 한 된장찌개는 한 입 넣는 순간, 어떻게 이런 맛이 날 수 있을까 싶게 그 정갈하면서도 깊은 맛에 대뜸 매료된다. 스님들의 보양식에서 비롯되었다는 산사들깨탕 또한 예사로운 맛이 아니다. 곱게 간 들깨에 배추, 호박, 버섯, 두부, 거두절미한 콩나물을 넣고 약간 되직하게 끓인 산사들깨탕은 육식을 좋아하지 않는 이들에게는 특히 별미일 터이다.

얼핏 보면 지극히 평범하지만 먹을수록 감탄사가 나오는 이 두 가지 요리는 실제로 쌍계사에 있던 무산스님으로부터 전수받았다는데 무산스님은 출가하기 전에는 한의사 출신으로 평소에도 사찰 음식에는 깊은 조예가 있는 이였다. 이 밖에도 5,000원짜리 동태찌개와 야채비빔밥이 있고, 술안주로는 버섯전골(2만 원)이며 닭매운탕(2만 원)이 있는데, 서너 명이서 너끈히 즐길 수 있는 양이다.

인정으로 우려내는 전통 찻집

인사동 네거리에서 안국동 방향으로 한참을 올라와 쌈지박 어름에서 왼편 길로 접어들면 산타페 입구 옆에 〈초당〉(02-738-4154)이라는 전통 찻집이 또한 있는 듯 없는 듯 멋 부리지 않고 있다.

탁자 세 개가 전부인 작은 공간의 한쪽에 주인 되는 최정해 씨가 평생을 바로 그 자리에 있었던 듯 그림 같은 자세로 신비한 미소 지으며 앉아 있다. 결코 적지 않은 나이와는 상관없이 곱다는 표현이 어울리는 자태다. 무언가 알 수 없는

향기와 빛깔이 은근하게 배어나오는 듯한 자태는 결코 하루아침에 이루어진 것이 아니다. 마치 오랜 세월을 잊혀졌다가 어느 날 불쑥 우리 앞에 모습을 드러낸 고려청자나 이조백자처럼 정지된 시간 속에서 깊어진 향기며 빛깔이다. 삶의 무엇이 한 여인을 저렇듯 깊게 만들었을까. 참으로 막막한 무슨 기다림 같은 것은 아닐까.

손님이야 하루에 한 명이 들든 두 명이 들든 별로 개의치 않는다. 중요한 것은 바로 최정해 씨가 지키고 있는 자리이다. 벌써 20년 가까이 그 자리에서 어쩌다 든 손님들에게 깊은 손길로 차를 만들고 차를 따른다. 아주 잊혀진 듯 참으로 오랜만에 오는 손님이면 연꽃 모양의 작은 촛불을 물이 담긴 자기 잔에 켜서 차와 함께 탁자 위에 올려놓는다. 촛불에 어둑한 실내가 일순 은은하게 밝아지면서, 그것을 지켜보는 손님의 어둑한 마음 또한 어쩔 수 없이 밝아지기 마련이다. 그렇듯 밝아진 마음으로 차를 들어 한 모금 입 안에 넣으면 저 안으로 깊이 흘러들어가는 것은 비단 차만은 아니다.

홍삼말차라는 〈초당〉만의 특이한 차가 있다. 녹차 가루에 홍삼 가루를 섞어서 약간 되직하게 물을 넣은 흡사 맑은 죽 같은 느낌의 차인데, 이것을 사발에 넉넉하게 마시고, 다음에 바위에서 나는 대나무의 어린 순으로 만든 연둣빛 석죽차와 석류 빛 오미자차를 마시고, 이어 솔바람차며 매실차까지 마신다.

차를 바꾸는 틈틈이 편강, 쥐눈이콩강정, 오미자 양갱으로 입가심을 해가며 대여섯 가지의 차를 마시고 나면, 삶의 무엇이 우리를 그다지 애면글면 안타까워하게 하랴. 이런 식으로 차를 순례하고 〈초당〉을 나설 때 잠자코 1만 원짜리 한 장을 식탁에 놓아두는 것을 잊지 말 일이다.

인사동 맛집

 인사동 학고재의 옆 골목을 따라 끝까지 들어가면 거기에서 경인미술관 후문에서 나오는 길과 만나게 된다. 별로 길지 않은 이 골목은 뜻밖에도 시골의 고즈넉한 고샅길 같아서, 어! 인사동 안에도 이렇게 정이 가는 골목이 있었나 하고 잠깐 놀라게 되는데, 바로 그렇듯 정이 가는 분위기 그대로 여느 손때 고운 살림집 같은 〈지리산〉(02-723-7213)이 있다.

 얼핏 보면 지리산은 그냥 인사동 골목 안에 흔하디흔한 한정식집의 하나에 불과할 뿐이다. 그리고 주인 되는 모경숙 씨도, 나이에 비해 참 곱다며 지나치거나 어쩌다 손님들에게 건네는 밝은 미소가 인상적이다 하고 무심하게 넘길 뿐이다. 그러나 나로서는 〈지리산〉이나 주인 되는 이를 결코 무심하게 흘려넘길 수가 없다.

1997년에 나는 〈청산靑山〉이라는 장편소설을 펴낸 적이 있다. 청산은 일종의 실명 소설인 셈인데, 흔히 국선도(國仙道)를 수련하는 이라면 함부로 입 밖에 소리 내어 들먹이는 것마저도 외경스럽게 여기는 이름으로, 바로 우리나라에 국선도를 있게 한 이다.

그이는 한때 물속에 들어가서 숨을 멈춘 채 십 몇 분을 있었다거나 혹은 불속에 들어가서 견뎌 낸다든가 하는 도무지 믿을 수 없는 신비적인 도력으로 유명한 이기도 하다. 국선도는 요즘 들어 어린 초등학생들마저도 모르는 이가 없는 국민적인 영웅 황우석 교수가 오랜 기간 수련을 하고 있다고 하여 덩달아 유명해지고, 그런가 하면 일일연속극 같은 데서 주인공들이 국선도 수련을 하는 장면이 곧잘 나오기도 해서, 사람들의 눈이나 귀에 별로 생경한 단어는 아니다.

국선도는 단전호흡을 중요한 수련법으로 한다. 여기에서 단전호흡에 대하여 길게 늘여 설명할 수도 없고 또 그런 자리도 아니지만, 간단하게 한 마디로 하자면, 폐호흡이 아닌 단전이라고 불리는 아랫배호흡을 통해서 건강을 지키는 것은 물론 나아가 하늘 기운까지 얻는다는 호흡법이다.

마음을 호흡 하나에 모아 호흡 자체가 자신이 되고, 자신에게 불어오는 바람이 되고, 물소리가 되고, 새소리가 되고, 그렇게 마음과 호흡이 흔연히 하나가 되어 하늘에 있는 기운을 얻는다는 것이다. 하늘의 기운이란 선계(仙界)의 기운이기도 한데, 선계는 자신의 몸속에 있는 어떤 우주적인 세계라고 바꾸어 말해도 괜찮을 터이다.

국선도의 전설 청산의 부인·동서가 운영

국선도와 함께 여러 신비적인 일화를 만들어 냈던 청산은 1980년대 들어 어느 날 문득 증발이라도 하듯이 세상에서 모습을 감추어 버렸다. 그리고 한동안 국선도 주변에서는 청산이 마지막 단계의 수련을 위해 다시 산으로 들어갔다거나 혹은 죽었다거나, 혹은 마침내 신선이 되어 하늘에 올랐다는 등 뒷소문이 끊이지 않았다. 청산에 대한 뒷소문마저도 잠잠해질 무렵에 인사동 골목에는 슬며시 〈지리산〉이라는 한정식집이 문을 열었다. 그런 〈지리산〉을 드나드는 손님들 중에서 뭔가 여느 집과는 다른 점을 느낀 이가 있었다면, 그것은 무엇보다도 객석을 오가며 손님들 시중을 드는 이들이 모두 젊은데다가 저마다 얼굴빛이며 눈빛이 예사롭지 않게 맑고 푸르다는 점이었을 터이다.

그랬다. 그이들은 실제로 지리산 청학동 옆 골짜기에 있는 하동군 청암면 옥종리의 국선도 수련원에서 사범교육을 받고 있는 이들이었고, 주인 되는 모경숙 씨는 다름 아닌 청산의 부인이었다. 뿐만 아니라 〈지리산〉에 나오는 한정식 차림의 갖가지 산채 나물이며 야채들은 모두 지리산 수련원에서 사범 교육을 받고 있는 이들이 국선도를 수행하는 틈틈이 기르거

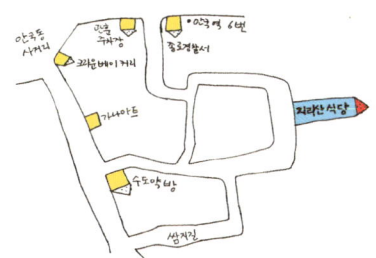

나 채집한 것들이었다.

　얼굴빛이며 눈빛이 맑고 푸른 이들은, 청산이 증발이라도 하듯이 세상에서 모습을 감추어 버린 후로, 청산의 동서가 되는 고장홍 법사가 모경숙 씨와 함께 국선도 장래를 위하여 지리산 골짜기에 수련원을 마련하고 전국의 도장에서 유능한 남녀들을 뽑아 들여 특별히 사범 교육을 하고 있는 이들이었다. 이들은 얼마간의 기간을 두고 수를 반으로 나누어 반은 인사동 한정식집 〈지리산〉에서 주방이며 객실을 맡게 하고 나머지 반은 지리산에서 직접 국선도 수련을 하게 하는 식으로, 이를 테면 인사동 지리산에서는 세상의 가장 밑바닥에 몸을 두면서 세상살이의 공부를 하고, 청학동 옆 골짜기의 지리산에서는 단전호흡에 몰두하게 하면서 세상 안팎의 공부를 함께 하는 셈이었다.

　한편으로는 청산이 세상에서 모습을 감추어 버린 후로 종로 3가에 있는 백궁빌딩의 국선도 본원을 위시해서 전국에 있는 국선도 도장들이 한때 어쩔 수 없이 경영이 어려워졌는데, 인사동 〈지리산〉은 경영이 어려운 도장을 앞장서서 경제적으로 뒷받침하기 위한 뜻이 우선이었다.

지리산 산채·야채 등 토속미 물씬한 한정식

　〈지리산〉에는 1인분 1만 3,000원의 지리산정식이 가장 대중적인 메뉴인데, 각종 모듬전에 시래기와 무나물·콩나물 하루나(평지·유채)를 모아 내는 모듬나물, 배추보쌈, 더덕무침, 콩비지, 굴비, 된장국, 단호박찜, 두부김치, 봄나물 물김치, 새송이버섯, 두부와 들깨를 섞어 톳에 무친 톳무침, 돈나물, 청포무침, 고추장아찌, 우엉조림, 멸치생젓, 물김치, 총각김치, 배추김치 등 물경 30가지에 가까운 반찬이 상다리가 휘어질 정도로 나온다.

그러나 그렇듯 넘쳐 나는 가짓수보다는 반찬 하나하나의 담백하고 깔끔한 맛이 먼저 돋보인다. 보다 소중한 자리라면 1인분 4만 원의 코스 요리인 지리산 한정식이 있는데, 깨죽이며 호박죽 같은 죽에서 시작하여 물김치, 야채샐러드, 잡채, 삼색전, 문어회, 꼬치구이, 키조개죽순볶음, 낙지볶음, 두부탕, 갈비찜, 삼색떡, 탕수육 등의 요리에 된장찌개며 굴비에 각종 밑반찬을 곁들인 식사가 나온다.

이밖에도 저녁의 술자리를 위한 안주로는 두부전골, 한방보쌈, 돼지갈비찜, 제주도 돼지족발, 암퇘지볶음, 홍어무침, 홍어회, 굴무침과 회, 조개탕, 녹두전, 감자전, 굴전, 해물전, 해물파전, 모듬전 등이 있는데, 저마다 1만 원에서 2만 원 안팎이다. 주류로는 시중에 판매되는 술 이외에도 지리산에서 내는 담근 술이 있는데, 칡주, 송이주, 돌사과주, 금귤주, 대추주, 홍매실주 등이 있다.

벌교꼬막 등 고흥에서 가져오는 풍성한 해산물

종로에서 오는 인사동 길의 네거리 질경이우리옷과 서호갤러리 사이의 골목에 얼마 전에 〈여자만〉(02-725-9829)이라는 약간 별스러운 이름의 맛집이 새롭게 문을 열었다. 얼핏 보기에 여자만 전용으로 출입하는 맛집인가 싶어 다시 한 번 눈길을 돌리면, 간판 아래에 여자만에 대한 설명이 나온다.

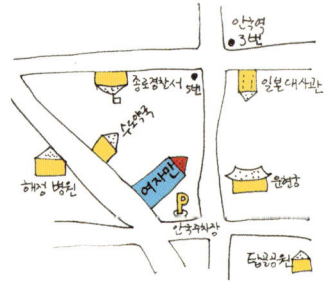

'전남 고흥과 여수 사이에 위치한 만 이름이 여자만입니다. 고흥 며느리로서 남도음식을 정성껏 만들어 보겠다는 일념으로 여자만으로 이름을 정했습니다. 물론 남자분도 들어오셔도 됩니다.(남자만!) 주인장은 산악인 박기성입니다. 열심히 하겠습니다. 박기성 이미례 부부.'

산악인 박기성 씨와 함께 여자만의 맛집 부부로 나오는 이미례 씨는 일찍이 〈수렁에서 건진 내 딸〉을 찍은 영화감독이다. 왕년의 잘 나가던 영화감독이 뜬금없이 맛집 주인이 되어서 인사동에 나타난 것이다. 인생유전이라면 영화감독이 맛집 주인이 된 그 자체만으로도 드라마틱한 인생유전이 아닐 수 없다. 그러나 한편으로 영화판의 저간의 사정을 들여다보면 아예 수긍을 못할 바도 아니다. 오히려 영화판의 이러저런 체면들을 훌훌 털고 생존경쟁의 치열한 삶 속으로 돌아온 그이의 어떤 용기가 눈에 부실 정도이다.

일찍이 동국대학교 영화과를 졸업하고 유현목 감독 밑에서 조감독 생활을 하며 영화 인생이 된 이미례 씨는 1984년 〈수렁에서 건진 내 딸〉로 데뷔한 이래 〈물망초〉, 〈영심이〉 등 6편의 영화를 찍었다. 그리고 몇 해 전부터 이미 다음 작품을 시나리오까지 끝내고 제작자를 찾았으나, 거의 성사될 듯하다가 결렬되는 식이 서너 차례나 이어졌다. 그러다 보니 그이는 먹고 사는 일의 어려움은 물론이려니와 얼마 전부터 몸도 마음도 더 이상 가눌 수 없으리만큼 지친 상태에서 설상가상으로 우울증마저 찾아왔다.

그이는 마침내 결단을 내렸다. 영화고 예술이고 간에 우선 살아남고 보자. 이를 테면 이미례 씨의 〈여자만〉은 그이가 자신의 짧지 않은 생애를 담보로 하여 새롭게 다시 출발하는 자리이다. 그이는 맛집을 해서 돈을 벌면 어디에 쓸 것이냐는 농담 비슷한 질문에 기다리지 않고 대답했다.

"물론 영화 만들어야죠."

재료를 거의 대부분 이미례 씨의 시댁이 있는 고흥에서 가져오는 〈여자만〉의 요리는 풍성한 해산물들이 우선 눈에 띈다. 피굴탕, 누룽지 해물탕, 매생이국, 벌교꼬막, 낙지볶음, 녹두해물부침, 황태구이, 버섯들깨탕 등의 술안주가 있고, 점심에는 5,000원짜리 여자만정식이 있다. 이중에서 〈여자만〉이 특히 자랑하는 요리는 이미례 씨가 시어머니에게 전수 받았다는 피굴탕이 있다.

피굴탕은 〈여자만〉에서 나오는 굴을 껍질 채 물에 데치듯 은은한 불로 삶아서 건져 내어 속살을 까내고, 껍질 삶은 물을 앙금을 버리고 우윳빛 나는 윗물만을 국물로 사용하여 다시 속살을 넣고 대파며 깨소금을 넣어서 맑게 한소끔 끓여 내는 식이다.

이를 테면 여느 굴탕과는 달리 껍질을 삶아서 국물로 사용하는데, 누구도 흉내 낼 수 없는 시원한 국물 맛의 비법이 거기에 있는 모양이다.

피굴탕에 이어서 역시 자랑하는 누룽지해물탕은 누룽지를 넣고 끓이다가 찹쌀가루를 넣어 국물을 약간 걸쭉하게 만들어 해물의 비린내를 없애고, 조갯살,

키조개, 깐 새우, 오징어, 낙지, 홍합 등에 죽순이며 청경채 같은 야채를 넣어 끓여 낸다.

유기농 맛집 원조 〈시천주〉

안국동 로터리에서 인사동으로 들어오는 초입에 있는 크라운베이커리 옆 골목이나, 조금 내려와 가나아트스페이스 골목을 들어서면 뒤편 한정식 골목에 〈시천주〉(02-732-0276)라는 맛집이 있다.

동학의 시천주(侍天主)를 차음하여 '시와 술이 샘솟는 공간'이란 뜻으로 바꿔 쓰고 있는 〈시천주〉는 뜻밖에도 신시(神市)라는 유기농산물 유통단체인 녹색세상의 자매점이며 한편으로는 환경을 생각하는 모임인 '그린네트워크'의 일원이다.

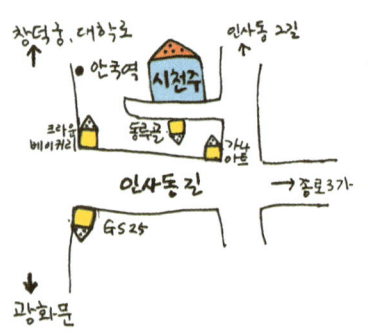

그렇듯이 〈시천주〉는 우리나라에서는 처음으로 문을 연 유기농 맛집의 원조로 꼽히는데, 유기농쌀, 우리밀, 유기농 야채, 채소, 손수 담은 된장, 유정란, 유기농 차와 주스 등 모든 재료를 신시를 위시한 명동성당의 가톨릭센터 안에 매장이 있는 '하늘 땅 물 벗'이라는 유기농가

게에서 구매한다.

　현재 〈시천주〉의 운영을 맡고 있는 주정호 씨 또한 일찍이 환경단체인 생태보전 시민모임, 생명의 숲 등에 관계하다 그만 지리산으로 들어가 노고단 산장에서 생태가이드를 하던 중, 3년 전에 그린네트워크에 관계된 친구의 권유에 따라 어쩔 수 없이 저잣거리로 내려온 환경운동가이다. 눈이 몹시 맑은 그이는 〈시천주〉에 관련되어 매스컴에 이름이 나는 등의 일이 많이 불편한 모양으로, 그만큼 〈시천주〉의 운영자가 되어 돈을 버는 따위의 세상일에는 서툴고 어눌한 기색이 역력하였다.

　〈시천주〉의 메뉴는 담백한 채식 위주의 요리가 특징이다. 나물비빔밥과 된장국, 녹차냉면, 김치두부전골, 야채두부전골, 추억의 간장빠다밥이 있고, 술안주로는 해물부추전, 도토리묵무침, 떡잡채, 오색냉채, 골뱅이소면 등이 있다. 물론 삼계탕이며 불고기버섯전골 같은 육류도 없지 않다. 〈시천주〉가 자랑하는 것은 1인분 7,000원의 나물비빔밥과 된장찌개다. 고사리, 콩나물, 도라지, 당근, 시금치, 상추, 호박 등의 나물에 유정란을 넣어 비벼먹게 되어 있는데, 미역줄기, 도라지오이무침, 두부부침, 시래기나물, 취나물, 무나물, 감자졸임, 멸치볶음, 배추김치, 야채샐러드 등의 풍성한 반찬에 맑은 된장국이 뒤따른다.

　이밖에 〈시천주〉에서 자랑하는 술로는 강원도에서 담군 머루주와 경상도 악양 막걸리가 있다. 또한 식당의 한쪽에서는 유기농 제품인 우리밀 곰돌이, 우리밀 햇살콘, 싹낸건빵 등의 과자류와 우리밀 밀가루, 부침가루, 한라산 고사리, 감골 표고버섯, 지리산 야생 수제차로 뽕잎차, 두충잎차, 구절초차, 산죽잎차, 연잎차 등을 판매하기도 한다.

피맛골

　피맛골이라는 지명을 스쳐 듣고 우연히 그곳을 찾아든 이들은 대부분이 우선, '에게, 이게 뭐야.' 하고 눈살부터 찌푸릴 터이다. 당연한 반응이다. 서울의 어디를 가나 흔하게 대할 수 있는 지저분하고 꾀죄죄한 풍경이 애써 나들이한 발걸음을 선뜻 골목 안으로 한 걸음 더 옮기기를 주저하게 만드는 것이다.
　지금 광화문 교보문고 뒤편에 남아 있는 피맛골은 고작 두 사람이 지나쳐도 쉽게 어깨를 부딪치게 마련인 비좁은 골목길에다가 길이도 20여 미터를 넘지 않는다. 그렇다고 무슨 뛰어난 음식점이 즐비하게 들어찬 것도 아니다. 고작해야 〈열차집〉이라는 두어 평 남짓한 빈대떡집과 〈대림식당〉이라는 생선구이집, 그리고 반대편 초입에 〈서린낙지〉라는 간판의 낙지집이 한 눈에 들어올 뿐이다.

의식주 해결할 물산의 집합소

이 교보문고 뒤편의 피맛골 말고도 종로 2가에서 인사동으로 접어드는 어름에 또 다른 피맛골이 남아 있다. 서피맛골이라는 이름으로 제법 그럴듯한 장명등 간판까지 내걸고 떠들썩한 주점가로 변하여 젊은이들의 발걸음이 끊이지 않지만, 정작 인사동 일대의 관광지구 작업에 편입되어 피맛골 자체를 하나의 관광 상품으로 변질시킨 듯한 싸구려 지분 냄새를 숨길 수가 없다.

피맛골이란 이름의 이 특이한 뒷골목은 원래 종로 1가 교보문고 뒤편에서 시작하여 종로 2가를 거쳐 3가에 이르기까지 연결되어 있었지만, 큰 건물들이 들어서면서 도중에 여기저기 골목이 끊기는 바람에 결국 두 곳밖에 남지 않게 된 것이다. 나로서는 이 두 곳 중에서도 피맛골 하면 역시 교보문고 뒤편의 지저분하고 꾀죄죄한 골목이 그 이름에 걸맞은 것 같아서 못내 그 언저리를 떠나지 못하고 있다.

일찍이 조선시대에는 지금 종각이 있는 종로 네거리 부근을 운종가라고 하였는데, 이 운종가는 소위 '상것'들이 사는 곳이었다. 운종가의 이 '상것'들은 사농공상이라는 봉건 가치의 가장 아랫자리를 차지한 상인들로, 종이나 백정 혹은 갖바치 같은 다른 상것들과 크게 다를 바 없는 천한 신분이었다.

당시의 가장 윗자리 신분에 있던 사대부의 입장에서 보자면, 이 운종가의 상것들은 여느 상것들과도 달리 참으로 처치곤란한 일종의 필요악이었다. 애오라지 학문과 수신에만 힘써 마침내 입신출세하여 나라를 다스리는 일에 필생을 바쳐야 하는 사대부로서 비록 굶어 죽을망정 어찌 당장에 급하다 하여 먹고 입고 자는 따위 천한 값어치에 눈길을 줄 수가 있으랴.

바로 그런 윗자리 신분의 필요에 따라 그들 대신에 먹고 자고 입는 데 필요한 모든 물산들을 주무르는 이들이 모여 이룬 거리가 다름 아닌 운종가였다. 종각 네거리 일대에 이른바 육의전이 늘어섰으니, 포목 무명, 명주, 종이, 모시, 생선 등이 운종가의 주된 물품이었으며, 나아가 구리개나 동대문의 배우개 저잣거리에는 옥패물, 유기며 사기그릇, 호랑이 가죽이며 수달 가죽, 엽초, 과일 등 조선 팔도의 모든 물산들이 빠짐없이 다 모여들었다.

윗자리 행차 피한데서 유래

운종가가 번화하면 할수록 높은 가마 위에 앉아 물렀거라, 비키거라, 호령과 함께 이곳을 지나치는 윗자리들은 저마다 눈살을 찌푸리며 고개를 외로 돌리지 않은 이가 없었다.

'쯧쯧, 선현께서 이르시되 상업이 흥하면 나라가 망한다고 했느니……'

운종가의 상것들 입장에서 보자면 그런 윗자리들이 또한 곱게 보일 리가 없었다. 비록 신분상 아랫자리에 위치한 천한 상것이라지만, 누구보다 영리하고 사리에 밝아 윗자리들의 허허실실이며 허장성세를 뚜르르 꿰뚫는데다가 이재와 처세술 또한 뛰어나 정도 이상의 부를 이루어 먹고 입고 자는 일에 신분에 걸맞지 않은 호화를 누리는 그들로서는 윗자리의 때 아닌 눈살이며 외고개짓이 마음 편할 수는 없었다.

'쳇, 그놈의 잘난 벼슬 좀 잡았다고 거들먹거리는 꼴이란……'

이런 아랫자리와 윗자리 사이의 눈살이며 외고개짓이 한데 어울려 운종가 뒷골목에 언제부터인가 희한한 명칭의 골목길이 생겼으니, 바로 피맛골이었다.

운종가에 한 번 윗자리의 행차가 떴다 하면, 아랫자리들은 재빨리 뒷골목으로 숨어들어 윗자리의 행차를 피하다 보니 뒷골목 이름 자체가 피맛골이 되어 버린 것이었다.

그렇듯 윗자리를 피해 숨어든 아랫자리들을 노려 다시 싸리나 간짓대에다가 술을 빚는 용수를 내건 선술집이 생기고, 그 옆에는 다시 1미터 남짓한 백지 패등을 내건 장국밥, 설렁탕, 곰탕집들이 생겨나니, 피맛골은 윗자리들은 결코 넘볼 수 없는 아랫자리들만의 공간이 된 것이다. 아랫자리들이 만든 이 소중한 놀이 공간은 피맛골이라는 이름으로 조선 봉건시대 500여 년을 면면히 맥을 이어 왔다.

만일 그대가 아직도 이 시대의 아랫자리라고 여기거나 혹은 사는 일 자체를 힘들어한다면 한 번쯤은 피맛골로 발걸음을 옮길 것을 권하고 싶다. 함께 올 동료가 없다면 스스럼없이 혼자 와도 좋다. 그리하여 이제 막 땅거미가 스멀거리기 시작하는 피맛골에 접어들어 〈열차집〉의 허름한 유리문을 밀치고 들어서라. 벌써 빈자리가 보이지 않는다면 아무 자리라도 가서 낯선 사람에게 합석할 것을 부탁하라. 백이면 백 기꺼이 응해줄 터이다.

빈대떡에 소주 몇 잔…… 세상 시름 훌훌

마침내 자리를 잡으면 3장에 7,000원인 빈대떡 한 접시에다 소주 한 병을 시켜라. 빈대떡이 아니라면 굴전이나 파전을 시켜도 좋다. 그리하여 술과 안주가 탁자에 놓이면 소주 한 잔을 따라서 목 안에 깊이 털어 넣어라.

그리고 문득 주변을 돌아보면 그대는 이미 혼자가 아니다. 얼핏 어디선가 많이 본 듯한 얼굴, 그대에 비해 크게 잘난 것도 없고 못난 것도 없는 얼굴, 한 잔의 소주 혹은 한 사발의 막걸리에 이미 불콰하게 술기운이 오른 얼굴, 바로 그대 자신의 얼굴이 뭉실뭉실 피어오르는 담배 연기 속에서 그대를 이 시대의 아랫자리에 위치하게 한 윗자리들의 허허실실과 허장성세에 대해 중구난방으로 떠들고 있을 터이다.

그대가 술과 함께 밥도 먹을 작정이라면 〈열차집〉만이 아니라 옆에 있는 〈대림식당〉으로 가도 좋다. 삼치와 굴비, 고등어 따위 생선구이 백반들이 저마다 5,000원에다가 된장찌개 또한 맛이 뛰어나다. 이 〈대림식당〉을 끼고 좀 더 골목으로 접어들면 몇 걸음 안 가서 〈부산복집〉과 처마를 나란히 한 〈청진식당〉(02-732-8038)을 만나게 된다. 불고기와 오징어볶음이 4,000원에 비하면 넘칠 정도로 풍부한 양에다가 반찬은 물론 공기밥 한 그릇이라도 더 주기 위해 꾹꾹 눌러 담는 주인아주머니의 큰 손이 먹는 것뿐만이 아니라 사는 것 자체까지도 공연스레 즐거워지게 한다.

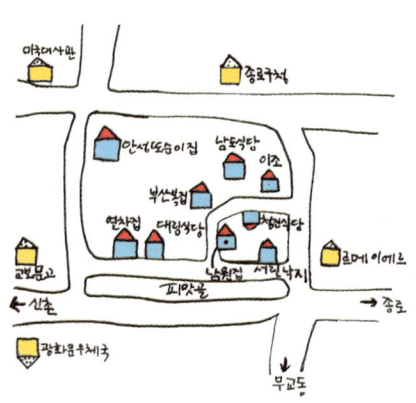

만일 그대가 혼자가 아니라 서너 명의 벗들과 함께라면 좀 더 골목을 에돌아 5,000원짜리 한정식

으로 이름난 〈남도식당〉(02-734-0719)을 찾거나 교보문고 뒷길에 있는 〈안성 또순이집〉(02-733-5830)에 가서 20년 동안 생태찌개 한 가지만을 지켜 오는 특별하고 맛깔스러운 고집을 만나기 바란다. 비록 한 냄비에 4만 원이지만 네 명이 충분히 먹고도 남아 크게 비싸지는 않은 편이다.

일찍이 시인 신경림은 노래했다. '못난 놈은 서로 얼굴만 봐도 반갑다.' 피맛골 안의 여기저기에서 만나는 결코 낯설지 않은 얼굴, 바로 자신을 닮은 얼굴들이 어찌 반갑지 않으랴. 잘난 놈만 먹고 노는 게 아니라 못난 놈도 즐겁게 먹고 놀 수 있는 놀이 공간이 피맛골이다.

공덕동 시장 안의 인심

서울 마포구 공덕동 시장 안에 간판도 없는 서너 평 남짓한 선술집이 있었다. 주로 시장 안의 상인들이 목이 마르면 선 자리에서 막걸리 한 사발이나 혹은 소주 한 병을 신 김치나 술국을 안주 삼아 벌컥벌컥 마시고는 곧장 가게로 달려가는 곳이었다. 이 간판 없는 술집의 소중한 값어치를 소위 글쟁이들 중에서도 눈 밝은 어떤 이가 발견하였다.

1980년대 초였는데, 둥근 드럼통을 잘라 만든 술탁 3개가 전부인 그 선술집을 글쟁이들은 〈멍청이집〉이라고 불렀고, 술집 아주머니를 일러 멍청이아줌마라고 불렀다. 당시 40대 언저리의 멍청이아줌마는 글쟁이들의 그런 호칭을 전혀 개의하지 않았고, 얼마 지나지 않아 〈멍청이집〉과 멍청이아줌마는 글쟁이판은 물론 신문사 문화부의 문학이나 출판 담당 기자들이며 영화판이나 굿판 같은 딴따라판에서까지 꽤 유명한 집이 되고 말았다.

간판조차 없었던 선술집 〈멍청이집〉

글쟁이판에서 가장 먼저 〈멍청이집〉을 발견한 것은 당시에 공덕동 시장 가까운 골목에 있는 금성출판사의 주간이자 시인인 강민, 시인인 유제하, 이병희, 성귀영, 지금은 문학동네 발행인으로 있는 강태형, 시조시인 김원각, 작가 이채형 등 소위 '금성사단'이었다. 그 뒤로 나를 위시한 시인 이시영이며 윤재철, 윤중호, 김사인, 작가 윤후명, 김민숙, 김상렬에 이어 영화감독 이장호, 장선우 등이 줄을 섰다.

하루 종일 시장 상인들을 상대로 고작 잔술이나 팔던 버릇을 해서 워낙에 안주에 대한 개념이 없던 멍청이아줌마에게, 우리 같은 글쟁이들은 얼핏 상상이 안 되는 특별한 손님이었다. 적어도 글쟁이들이 드나들기 전에는 술국이나 신 김치 이외에는 전혀 안주가 필요하지 않던 술집이어서 미리 준비한 안주가 없던 터라, 우리가 안주를 시키면 그때야 부랴부랴 시장에 있는 생선가게로 달려가고는 했는데, 안주감도 꼭 우리가 시키는 데 맞추어, 꽁치며 고등어, 생태, 오징어, 주꾸미, 낙지 등속을 사왔다. 그리고 나중에 계산을 할 때면 약간 더듬거리는 어눌한 말투로 미안한 듯 말했다.

"저기, 꽁치나 고등어 같은 것은 탄불에 굽기만 했으니께, 기냥 생선가게에서 산 대루 주기만 하면 되구라우, 오징어하고 쭈꾸미는 양념 값 오십 원을 따로 보탰구먼이라우. 그렇게 쏘주 네 병에다가 이거저거 모다 합치면, 오메, 삼천 원이 넘는 값소잉?"

　멍청이아줌마의 술값은 으레 자신이 시장에서 사온 생선 값에 양념 값 얼마를 더하는 식이었고, 이런 계산법에서 바로 멍청이란 호칭이 만들어진 것이었다. 처음에는 우리 또한 이런 계산법에 서투른 나머지 차라리 멍청이아줌마의 계산에 얼마를 더하는 우리 식의 계산법이 따로 만들어지기도 했다.

　1980년 당시에는 주꾸미며 낙지 같은 해산물을 양념을 발라 석쇠에 올려 연탄불에 구워 먹는 소위 주꾸미양념구이나 낙지양념구이 같은 요리는 시중에 아직 개발되지 않고 있었는데, 엉뚱하게도 〈멍청이집〉에서 비롯되었다. 처음에 내가 낙지며 주꾸미를 양념에 발라 구이를 해 먹겠다고 하자 멍청이 아줌마는 대뜸 손사래부터 쳤다.

　"오메, 우찌께 낙지나 쭈꾸미 같은 물것을 탄불에다 꾸어 잡순다요? 물것은 기냥 데쳐서 잡사야제, 탄불에 꾸먼 오그라들어 맛이 없을 거인디."

　멍청이 아줌마가 손사래를 치는 바람에 어쩔 수 없이 내가 숙수로 나섰는데, 우선 주꾸미를 생물로 한 번 굽고 약간 꼬들꼬들해졌을 때 고추장이며 고춧가루에 설탕이며 파 마늘, 간장을 넣어 갠 양념장을 발라 탄불 위에 올려 불을 쏘이자마자 그대로 먹는 식의 주꾸미 양념구이가 만들어졌다. 그러자 다 만들어진 주꾸미양념구이를 한 점 맛본 멍청이아줌마가 큰소리를 냈다.

　"오메, 쭈꾸미가 우찌께 이런 맛이 다 난다요?"

　멍청이아줌마는 주꾸미 한 점과 곁들여 당연히 우리가 따라주는 소주 한 잔도 곁들였는데, 그러다 보면 에라, 모르겠다, 하고 아예 우리 자리에 퍼질러 앉아 함께 어울리며 술자리의 흥을 더하기도 하였다. 〈멍청이집〉에서는 이런 식으로 주꾸미에서 비롯해서 낙지까지 몇 가지 요리가 더 만들어졌는데, 이를 테면 낙지를 살짝 데친 다음에 애호박을 채 썰어서 역시 살짝 데쳐 내어 식초와 설탕 고추장, 고춧가루에 마늘이며 파 같은 갖은 양념을 하여 버무려 먹는 낙지회무침 같은 것이었다.

글쟁이 술꾼들이 안주 개발하기도

멍청이아줌마로서는 파천황의 대사건이 일어난 것도 그 무렵이었다. 그날 따라 일행이 많아서 모두 대여섯 명이 탁자에 둘러앉아 낙지연탄불구이며 낙지회무침을 위시해서 평소보다 많은 안주를 시켰는데, 어느 순간부터 멍청이아줌마가 좌불안석으로 우리 곁을 빙빙 돌더니 더 이상 못 참고 내 옆구리를 쿡 찔렀다.

"술 잡숫는디, 죄송하제만이라우."

"예, 뭐 잘못된 것이라도 있는가요?"

"그거이, 그거이……."

"말씀하세요."

"오메오메, 시방 술값이 만 원이 넘었당께요."

멍청이아줌마로서는 선술집을 시작한 후로 술값이 만 원을 넘은 손님은 내가 처음이었던 것이다. 이 마음씨 좋고 정이 넘쳐나던 멍청이아줌마는 그로부터 얼마 지나지 않아 풍을 맞는 불행한 일을 당해 반신을 못 쓰게 되는 바람에 가게 문을 닫았고, 아울러 글쟁이들의 흥겨운 공덕동 시절도 시들해져 버렸다.
멍청이아줌마의 추억이 담겨 있는 공덕동 시장은 20년이 지난 오늘에 이르러서는 주변에 대형 빌딩들이 들어서는 바람에 대부분이 먹자골목으로 변했다.

가게방 모자라 노점서 식사해도 장사진

지하철 5·6호선이 만나는 공덕역 5번 출구를 빠져나오면 우선 〈유명한 최대포집〉이 나오고, 거기서 비롯하여 〈마포골뱅이〉 골목, 〈마포오향족발〉이며 〈궁중족발〉, 〈소문난영양족발〉 같은 족발 골목, 〈마포할머니빈대떡〉이며 〈청학동부침개〉의 모듬전 골목 등이 이제 막 시장기를 느끼기 시작한 손님들의 걸음을 멈추게 할 터이다.

바로 〈마포할머니빈대떡〉 골목을 들어서서 10여 미터 시장 안으로 들어오면 수건만한 크기의 아크릴 간판에 〈전주식당〉(02-711-0238)이라고 써 있는 것을 발견할 수 있다.

〈전주식당〉은 4,000원짜리 가정식백반이 유명한데, 가게방으로는 모자라서 사람들이 지나다니는 노점에 앉아 불편하게 식사를 해야 하는데도 불구하고 마포 일대의 빌딩에 근무하는 샐러리맨들 사이에 점심 무렵이면 줄을 서서 기다려야 할 만큼 인기가 높다.

〈전주식당〉의 인기는 무엇보다도 전주출신인 주인아주머니 김정자 씨의 큰 손에 있다. 무슨 반찬이든지 접시에 수북수북 쌓이지 않으면 직성이 안 풀리는 그이가 가정식백반에 담아내는 반찬은 생굴무침, 조기구이, 고사리나물,

봄똥김치, 묵은김치, 고구마순, 시래기무침, 감자샐러드에 한 번 맛보면 손님들이 누구나 빠져드는 청국장의 깊은 맛이 곁들인다. 그러나 〈전주식당〉의 참맛을 알려면 아무래도 저녁이 되기까지 기다려야 한다.

저녁이면 홍어삼합이며 홍어회, 아구찜을 파는데, 여기에서 비로소 주인되는 이의 큰 손과 맛에다가 넉넉한 인심과 넘치는 정이 제대로 빛을 내는 것이다. 홍어삼합의 경우 커다란 대형 접시가 넘칠 정도로 전라도의 묵은김치며 돼지고기, 홍어가 가득히 나오는데, 네댓 명이 먹을 수 있는 양이 3만 원이고, 서너 명이 먹을 수 있는 양은 2만 원이다. 게다가 곁들여 나오는 홍어탕은 진한 맛이 일품인데, 두세 번 얼마든지 시켜도 된다. 홍어회며 아구찜도 같은 값인데, 양 또한 넘쳐날 정도인 것은 물론이다.

얼마 전에 환갑을 지난 김정자 씨는 술자리가 어우러지면 어느 새 소주 한 병과 생선찌개를 들고 천연덕스럽게 손님 자리에 끼어든다.

"옛수, 요건 서비스요오."

그리고 손님이 술을 권하면 기다렸다는 듯이 받아 마시고는 어느 새 술자리를 이끌어 나간다. 이를테면 그이는 천성적인 놀이꾼이자 신명꾼이다. 아니, 그이만이 아니다. 남편 되는 칠순의 조과영 씨마저도 어쩌다 가게에 들리면 기꺼이 손님들과 어울린다. 그렇게 부부가 신명이 오르면 김정자 씨가 소리친다.

"장사 때레치우고 노래방에나 갑시다아."

생김에 싸먹는 주꾸미구이 맛 환상적

지하철 5호선 마포역 1번 출구를 나와 용강동 길로 접어들면 한화오벨리스크 뒤편이자 마포주차장 건너편 먹자골목 어귀에 〈주꾸미집〉(02-719-8393)이 있다. 무슨 옥호도 없이 간판이 그저 주꾸미집이다. 그런데 이 단순한 주꾸미집이라는 이름에 대한 주인 되는 이진숙 씨의 생각이 뜻밖에 철학적이다.

"이름을 뭘로 해야 주꾸미를 가장 잘 나타낼까 고민 많이 했제라우. 근디 주꾸미한테다가 벨 이름을 다 붙여봤자 주꾸미가 살아나덜 안해라우. 그래서 할 수 없이 기냥 〈주꾸미집〉이라고 했어라우. 그라고 낭께 주꾸미 파는 집서 〈주꾸미집〉처럼 잘 어울리는 이름이 달리 없더랑께요. 아자씨는 생각이 어쩌요?"

〈주꾸미집〉은 과연 주꾸미집답게 메뉴가 주꾸미숯불구이에다가 왕새우구이가 다다. 아니, 주꾸미숯불구이를 시키면 따라 나오는 해물된장이 더 있다. 1인분에 8,000원 하는 주꾸미숯불구이는 그 양이 만만치 않아서, 만일 양이 적은 사람이라면 혼자서 1인분을 다 먹기가 약간 부담스러울 정도이다. 양념한 주꾸미를 석쇠 위에 올려 숯불에 구워 내는 식인데, 특이한 것은 무슨 상추나 배추

같은 야채에 싸서 먹는 것이 아니라 생김에 싸먹는다는 것이다. 마늘이며 고추를 곁들여서 주꾸미를 생김에 싸먹는데, 그것들이 입 안에서 어울려드는 맛이란 뜻밖으로 환상적이다. 이따금씩 커다란 냉면사발 한 가득 얼음이 둥둥 뜬 동치미로

입가심을 하고 나면 아무리 배가 불러도 저절로 다시 주꾸미에 손이 간다.

저녁 무렵만 되면 손님이 붐비기 시작하는데, 달리 종업원을 두지 않고 주인 내외가 눈코 뜰 사이 없이 어지럽게 움직인다. 돈도 많이 버는데 종업원 좀 두지 그러냐는 질문에 바깥주인 되는 문태복 씨가 엉뚱하게 메뉴판을 손짓해 보였다.

"종업원을 두면 나야 펜하제만, 저걸 감당하지 못항께요."

무슨 뜻인지, 하고 눈으로 묻자 그이는 뒷말을 이었다.

"종업원 한 사람 두면 아메도 저 팔천 원이 만 원으로 올라갈 꺼이요. 안 그러면 양이 적어지던가. 나가 주꾸미집을 하는 한 그 짓은 못하겄소. 기냥 몸으로 때워야제."

주인 내외가 고향인 전라남도 나주시 공산면을 떠나온 것은 1976년이었다. 원래 한 마을의 위 아랫집에서 처녀총각으로 살았는데, 어쩌다가 밀밭이며 방앗간을 오가면서 정분이 났다. 결국 마을에 소문이 나는 바람에 처녀총각이 밤 보따리를 싸고 말았다. 그리하여 서울이며 경기도 일대의 변두리를 전전하는 인생유전의 고생이 시작되었다. 내외는 부천 오정동, 약대동, 광명시 철산동, 서울의 왕십리 등 무려 25번을 이사한 끝에 마포 도화동에 대지 15평짜리 내 집을 마련할 수 있었다. 내외는 그때 하도 돈에 포한이 져서 큰딸 이름을 봉황이라고 지었는데, 한문이 봉우리 봉(峯)에 황금 할 때의 황

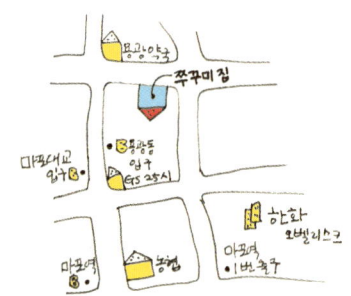

(黃)이었다. 그러나 그렇게 돈에 포한이 진 주인 내외라지만, 표정은 구김살 하나 없이 밝은데, 거기에 대한 안주인의 대답이 또한 걸작이다.

"우리 내외가 둘 다 워낙에 놀기를 좋아헌단 말이요. 아무리 없이 살어도 노는 디라면 빠지지 않고 다니제라우. 글다 본께 남들 눈에는 근심걱정 한나도 없는 사람으로 비치는 모양입디다."

남대문시장 갈치조림

그대가 아무리 먹는 일에 무관심할지라도 얼핏 남대문 시장의 갈치조림골목에 대해서 한두 번은 흘려들은 적이 있을지도 모른다. 그렇게 들은 풍문에 따라 어느 날 정오 무렵 문득 갈치조림골목을 찾아간다면, 그대는 우선 남대문 시장 초입에 있는 본동상가라는 낡은 건물을 발견할 것이다. 그리고 그 본동상가 건물 사이사이로 두 사람이 어깨를 부딪치며 지나쳐야 하는 골목도 발견할 것이다. 너무 비좁고 어두운 데다가 지저분하게만 여겨지는 골목 앞에서 그대가 어쩔 수 없이 걸음을 멈추었을 때, 문득 골목 안 저편에서 한 줄로 늘어서서 무언가 차례를 기다리고 있는 일단의 행렬을 발견할 것이다. 마침내 호기심을 이겨 내지 못한 그대가 그 행렬을 따라가 보면, 그대는 마침내 푸른 가스 불 위에서 맹렬하게 끓고 있는 열 개 남짓한 뚝배기들도 발견할 것이다.

어디 그 행렬 앞에서 뿐이랴. 문득 고개를 돌려 보면 골목 여기저기에서 끓어 대는 뚝배기들로 인하여 그대는 삽시간에 정신마저 혼미해지는 기분이 들지도 모른다. 그리고 그렇듯 혼미해지는 정신 속에서, 야릇도 해라, 그대는 자신도 모르는 사이에 언제부터인가 가슴마저 두근두근 뛰고 있는 것을 느낄지도 모른다.

여기저기서 끓어 대는 뚝배기

뚝배기 속에서 맹렬하게 끓고 있는 것은 바로 갈치조림이다. 그대로 하여금 정신을 혼미하게 하는 것으로도 모자라 가슴마저 두근거리게 하는 것이 다름 아닌, 겨우 5,000원짜리 갈치조림이라는 사실에 그대는 피식, 헛웃음이 나올지도 모른다. 그러나 좀 더 안으로 기억을 더듬어 오르다 보면, 그대는 아버지나 어머니의 손을 잡고 처음으로 따라나선 시골장터 풍물에까지 이를지도 모른다. 장터의 모든 풍물들이 무슨 요술처럼 신기하기만 한 어린 촌놈인 그대에게, 더군다나 홉사 넋이라도 빼앗아 갈 것처럼 현란한 것은 여기저기에서 한 솥 가득 넘치게 끓고 있는 국밥이며 팥죽이며 칼국수며 갖가지 떡들이었을 것이다.

어떤가. 그대의 기억이 끓고 있는 갈치조림 뚝배기에 겹쳐 저 까마득한 시절의 장터풍경에 이르렀다면, 하찮은 갈치조림 앞에서 가슴마저 두근거리

고 있는 자신을 비로소 이해할 수 있지 않으랴. 어쩌면 그대뿐만이 아니라 저렇듯 길게 늘어선 행렬들은 갈치조림 보다는 정작 장터에서 보았던 국밥이며 팥죽이며 떡 같은 추억을 먹고 싶은 것이리라.

갈치조림 골목을 지나 반대편 입구에 다다르면 그대는 무심코 1950년대 적산가옥처럼 생긴 낡은 이 층 건물을 발견할 수 있을 것이다. 그리고 그 이 층 건물에 붙어 있는 〈막내횟집〉(02-755-5115)이라는 입간판도 아울러 발견할 수 있을 것이다. 오늘 내가 그대에게 소개하고 싶은 곳은 갈치조림 골목보다는, 바로 골목의 연장선상에 있는 〈막내횟집〉이다.

특색이라고는 별로 없는 허름한 풍경

금방 삐걱거리는 소리가 들릴 것 같은 좁고 가파른 계단을 올라 횟집의 문을 열면, 그대는 별로 넓지 않은데다 별 특색이라고는 없는 허름한 횟집 풍경을 만나게 될 것이다. 아니, 그대가 이제 막 어스름이 지기 시작한 저녁 무렵에 횟집의 문을 밀쳤다면 이야기는 달라진다. 그대는 이미 좌석을 꽉 채운 손님들로도 모자라 미처 자리를 잡지 못한 채 문 앞에서 서성이며 차례를 기다리고 있는 손님들을 바로 그대 앞에서 만날 것이다.

그대가 손님들 뒤에서 언제까지 서성이고 있어 봤자 손님은 물론 회 접시를 들고 분주하게 오가는 주방 아주머니들까지 누구도 그대를 거들떠보지 않을 것이다. 결국 그대가 먼저 나서서 주인인 듯싶은 아주머니에게 말을 걸 수밖에 없다.

"저어, 자리가 없을까요?"

약간 당돌한 듯, 그리고 무슨 자신감이 넘치다 못해 어딘가 건방져 보이기까지 한 주인 아주머니는 그때에야 비로소 그대에게 아는 채를 할 것이다.

"예약은 하고 오셨어요?"

"아니요."

"그럼, 오늘은 안 되겠네요."

그대는 결국 명함 한 장만 달랑 손에 들고 가파른 계단을 되짚어 내려오는 수밖에 없다. 만일 그대가 예약을 하고 다음 날 저녁에 〈막내횟집〉을 다시 찾는다면 그대는 당연히 자리를 잡을 수 있다. 그대가 횟집에 오면서 설마 일행도 없이 혼자 오리라고는 생각하지 않는다. 그대가 일행과 같이 자리를 잡고 앉은 다음에, 메뉴판에 적힌 대로 주문을 한다면, 느닷없이 여기저기서 킥킥, 웃음소리가 터질지도 모른다.

〈막내횟집〉의 메뉴판이야말로 엉터리다. 광어 얼마, 도다리 얼마, 농어, 우럭, 아나고, 낙지 얼마, 얼마하고 적혀 있지만, 누구도 메뉴판을 보고 주문을 하는 사람은 없다. 이 집에서 나오는 메뉴는 단 한 가지 '모듬회'뿐이다. 대·중·소로 나누어져서 각각 4만 원, 3만 원, 2만 원 하는 모듬회도 손님 마음대로 시킬 수가 없다. 대중소로 나누는 것마저도 주인아주머니 마음대로이다. 손님이 두 명이면 소, 세 명이면 중, 네 명 이상이면 대다.

엉터리 메뉴판…… 주문도 주인 마음대로

어떤가, 횟집 주인이 이 정도로 횡포를 부리면 정의감 넘치는 그대는 이쯤에서 당연히 자리를 박차고 일어나야 하지 않을까. 그러나 그대 이외에는 아무리 둘러보아도 주인의 횡포에 항의하여 자리를 박차고 일어서는 손님이 없다. 만일 그대가 다시 슬그머니 자리에 앉아서 주인아주머니가 주는 대로 회며 기본 안주를 먹고 소주를 마신다면, 결국 계산대에 서서야 그대는 비로소 주인아주머니의 횡포에 대하여 왜 누구 한 사람 나서서 항의를 하거나 따지지 않는가를 알게 될 것이다.

〈막내횟집〉의 모듬회는 완도에서 날마다 직송해 오는데, 철에 따라 횟감의 종류가 조금씩 달라 어느 때는 광어와 도다리, 어느 때는 우럭과 농어, 어느 때는 숭어로 대개 두세 가지를 함께 낸다. 기본 안주는 달랑 다섯 가지이다. 어린아이 주먹만큼 큼직큼직한 감자조림과 고등어조림, 오징어볶음, 매운탕이 나오고, 회를 다 먹으면 야채비빔밥이 나오는데 이 비빔밥이 별미다. 만일 정말로 회를 많이 먹는 이라면 회 또한 덤으로 더 나오기도 한다.

이렇듯 실컷 먹고 마신 가격이 한 사람당 1만 5,000원 수준이다. 아무리 많이 먹고 마셔도 결코 2만 원 수준은 넘지 않는데, 주인아주머니의 특별한 배려 때문일 터이다. 그렇게 계산이 끝나고 나서야 그대는 비로소 약간 당돌한 듯, 그리고 무슨 자신감이 넘치다 못해 어딘가 건방져 보이기까지 한 주인아주머니의 표정에 대해 이해하게 되리라. 〈막내횟집〉은 결국 넘쳐 나는 손님들을 주체하다 못해 다음 골목의 연세악세서리 주차장 옆에 똑 같은 이름으로 별관(02-776-6445)을 내었다.

계산 마치고 나면 모든 걸 이해

나에게 처음 〈막내횟집〉을 소개해준 극작가 안종관 선배는 소위 놀량패로 호가 난 이다. 놀량패답게 마음씨 좋은데다가 마당발이기도 해서 문단은 물론 연극계며 음악, 무용 같은 예술인들과 두루 통하고, 그이들 중에서 어려운 일이 생기면 남모르게 뒷바라지 잘하기로 입소문이 나기도 했다. 이이가 또 호사가 기질이 다분하여 엉뚱하게도 호텔 일식당 주방장 출신을 데려와 〈막내횟집〉 횟감을 시식하게 한 바, 일류 일식집에 비해 결코 손색이 없다는 것을 흔쾌하게 인정받았다고 한다. 나를 처음으로 데려간 날 안종관은 자랑스럽게 주방장 출신의 말을 전하면서 덧붙였다.

"나, 이번 주일에만 오늘로 네 번 왔어."

주인아주머니 김선자(金善子) 씨는 강원도 양양 출신으로 스무 살이 갓 넘어 당시 남대문 시장에서 역시 좋은 횟집으로 이름이 높던 〈할머니횟집〉의 종업원으로 들어와 15년 가까이 막일을 하다가 마침내 자신의 횟집을 차린 입지전적인 인물이다. 〈막내횟집〉이란 옥호의 '막내'는 아마도 할머니가 부르던 호칭이지 않았나 싶은데, 주인아주머니는 자신이 지금은 없어진 〈할머니

횟집〉의 정신적 계승자임을 분명히 한다.

돌이켜보면 주인아주머니는 회를 만지는 일로 청춘을 보내고 어느덧 반백 년의 나이에 이른 셈이다.

결국 주인아주머니의 손님들에 대한 횡포나, 표정에 있어서의 당돌함과 건방져 보이기까지 한 자신감은 20년도 훨씬 넘은 자신의 직업에 대한 자부심인지도 모른다. 회에 대해서만큼은 대한민국의 누구와 견주어도 지지 않는다는 자부심. 나에게는 그런 자부심이 어쩔 수 없이 눈부시다.

〈막내횟집〉의 한쪽 벽에는 우리은행에서 강연을 하는 주인아주머니의 사진이 생뚱맞게 걸려 있다. 내가 무슨 사진이자고 묻자, 주인아주머니는 스스럼없이 대답했다.

"회 뜨고 손님들 접대하고 그런 것에 대해서 부장급 이상 간부들한테 이야기하래요. 그래서 그대로 이야기해줬더니 그걸 보고 마케팅전략인가 뭔가 그러대요."

갈치조림 골목의 이모저모

점심시간에 갈치조림 골목에서 손님들이 가장 많은 곳은 〈희락〉(02-755-3449)과 〈중앙식당〉(02-752-2892)이다. 이 두 집은 서로 원조임을 내세우고 있는데, 적잖게 매스컴을 타서 식당 홀 중앙에 TV에 방영된 사진이 위압적으로 걸려 있다. 갈치조림 골목에 온 첫날은 나도 모르는 사이에 행렬의 끝에 붙어 서서 두 집 중 한 곳으로 들어가 어렵사리 자리를 차지하고는 쫓기듯이 서

둘러 갈치조림을 먹어야 했다. 두 번째 갔을 때 나는 두 집을 피하여 다른 집을 찾아 들었다. 당연하게 손님이 적어서 넉넉한 시간에 천천히 갈치조림 맛을 음미할 수 있었는데, 그래서일까, 첫 번째 집보다 훨씬 맛이 깊은 느낌이었다. 모름지기 너무 매스컴을 믿지 말 일이다.

갈치조림 골목에서 나는 갈치조림보다는 〈닭진미〉(02-753-9063)의 닭곰탕(5,000원), 닭내장탕(4,000원), 고기백반(6,000원) 같은 각종 닭요리나 〈진주집〉(02-753-9813)의 해장국(4,500원), 설렁탕(5,000원)이나 꼬리곰탕, 방치찜, 꼬리찜 같은 별미를 권하고 싶다. 두 곳 다 40~50년이 넘는 동안 다져 온 맛과 솜씨가 숨은 보석처럼 갈치조림 골목에서 빛나 보인다.

동대문시장 먹자골목

　머잖아 겨울이다. 강원도의 백두대간 어름에서는 때 이른 첫눈이 내렸다는 소식도 들린다. 그래서 그런지 무심코 지나치는 지하철역이나 지하도, 공원의 어둑한 귀퉁이에 신문지며 얇은 담요 한 장을 덮고 누워 있는 홈리스들의 새우등이 새삼스럽게 눈에 시리다. 어디서 대낮부터 소주 한 병이라도 얻어 마신 것일까. 발치께에는 빈 소주병이 나뒹굴고 있다. 나라 전체에 아무리 불황이 깊다지만, 요즈음 들어 부쩍 늘어난 길거리의 새우등들은 결코 예사롭게 흘려 넘길 수 있는 정경은 아니다.

　그런 겨울의 초입에, 이를테면 30대의 한 젊은이가 역시 30대의 아내와 초등학교 저학년의 여자아이 그리고 갓 돌이 지난 사내아이를 거느린 채 어느 날 느닷없이 직장을 잃었다고 치자. 직장을 잃는다는 일은 그에게는 어쩔 수 없이 마른하늘에서 벼락이라도 떨어진 것 같은 가공할 충격임에 틀림없을 터이다. 미처 마음의 준비도 없이 맞이한 생존에 대한 두려움은 금방 공포로 변하고, 사랑스러운 처자식마저도 자칫 두 어깨를 짓누르는 무거운 짐으로만 여겨진다.

그런 눈으로 주변을 돌아보면 자신처럼 불행한 사람은 다시없으리라. 자신을 제외한 모든 사람들은 여전히 일상을 즐기면서, 쇼핑을 하거나 여행을 떠나거나 맛있는 집을 찾아서 외식을 하는 등 한껏 행복감에 젖어있다. 불과 얼마 전까지만 해도 자신 또한 그들처럼 즐기던 일상의 행복감이 벌써부터 까마득한 옛날의 일처럼 기억에 흐리다. 아아, 아침에 일어나 아직 덜 깬 잠을 투정하며 서둘러 세수를 하고 아침밥을 먹고 부랴부랴 지하철역으로 달려가던 일상이 저렇듯 눈부시고 화려할 줄은 전혀 상상하지 못했다.

그는 어쩔 수 없이 생각한다. 왜 세상은 이렇게 불공평한가. 어쩌면 나에게 닥친 불행은 결코 내 탓만은 아니다. 뭔가 이 사회의 정치가, 경제가 크게 잘못된 탓이다. 그런 그를 가장 힘들게 하는 것은 무엇보다도 상대적 빈곤감과 상대적 불행감이리라. 그이가 직장을 잃든 말든, 그리하여 처자식들이 굶주리게 되든 말든, 세상은 전혀 무관심하게 하루하루 잘도 흘러가는 것이다. 이쯤에 이르면 그는 세상을 향해 기어이 복수심을 드러내고, 끝내는 범죄적 충동에까지 사로잡힐지도 모른다. 그리고 벌써부터 그의 마음 깊은 곳에서는 처자식을 버려둔 채 길거리를 방황하는 또 한 명의 새로운 홈리스가 그림자처럼 자리 잡고 있을지도 모른다.

나는 그렇듯 이제 막 직장을 잃은 젊은이에게 권하고 싶다. 아직은 세상에 대한 복수심이 싹트기 전에, 그렇게 범죄적 충동에 사로잡히기 전에, 그리고 마음속에 홈리스의 그림자가 자리 잡기 전에, 처자식과 함께 한 번쯤 동대문 시장을 가 보면 어떨까. 동대문 시장에서도 1950년대의 낡고 허름한 복고풍 건물이며 가게들이 고스란히 남아있는 먹자골목을 찾아가서 마지막 만찬이라도 하듯 처자식과 함께 뜨거운 닭한마리 칼국수를 먹으면서 자신이 서있는 현재의 위치를 다시 한 번 확인해 보면 어떨까.

정감이 흐르는 복고풍의 먹자골목

지하철 1호선이나 4호선의 동대문역 9번 출구를 빠져나온다. 초등학교 저학년의 여자아이는 걸리고, 사내아이는 가슴에 안은 채 한 손으로는 아내의 손을 잡고서. 9번 출구를 빠져나오면 번듯한 빌딩의 동대문종합시장이 나온다. 주로 비단이며 이불 같은 혼숫감을 파는 동대문종합시장 1층의 중앙통로를 빠져나오면 시장의 물건을 나르는 오토바이들이 무슨 사열식이라도 벌이는 것처럼 도열해 있다. 오토바이들을 지나면 곧바로 대학천길이라고 부르는 복고풍의 먹자골목이 시작된다.

대학천길이라고 해서 드넓고 화려한 길을 상상한다면 곧장 실망하게 된다. 네 식구가 한꺼번에 지나치기가 어려워 끝내 앞뒤로 서야 할 만큼 비좁은 골목일 뿐인데, 골목 양쪽으로 처마를 마주 대면서

낡고 허름한 식당들이 줄지어 서있다.

　대학천길은 끝에서 광장시장 출입구와 서로 마주보고 있는데, 먹자골목은 대학천길의 중간에서 끝나고 천막상회며 등산 장비점 등의 다른 업종으로 바뀐다. 100여 미터쯤 되는 먹자골목에는 주로 닭한마리 칼국수를 위시하여 생선구이, 민물매운탕, 돼지곱창, 이렇게 네 가지 종류의 식당들이 자리 잡고 있다. 먹자골목의 중간쯤에 이르면 한 식당 앞에서 그는 순간 자신도 모르게 발걸음을 멈출 것이다.

　〈진할매 원조 닭한마리〉라는 상호인데, 유리창에 커다랗게 광고판이 나붙어 있다. 그는 무심코 광고판에 눈을 준다. 거기에는 진할매인 듯싶은 유복하게 생긴 할머니의 사진과 함께, 닭한마리 칼국수를 시작하던 무렵의 모진 고생으로부터 마침내 성공하기까지 이러저런 이야기가 입지전적으로 나와 있다.

　그가 이야기에 끌려 솔깃한 마음으로 식당 안을 들여다보면, 벌써부터 손님들로 북적거려서 얼핏 빈자리가 없을 정도이다. 식당 안에 가득한 손님들에 그는 까닭 없이 주눅이 드는 기분이어서 그만 발길을 돌리고 만다. 먹자골목을 얼마 걷지 않은 동안에도 벌써 대여섯 군데의 닭한마리 식당을 지나친다. 그러는 사이에 거짓말처럼 닭한마리가 끝나고 이번에는 민물매운탕이며 돼지곱창이 시작되고 있다.

　그는 몇 번인가 두리번거리다가 〈원조 소문난 닭한마리〉(02-2279-2078)라는 맨 끝집으로 들어선다. 이 골목의 닭한마리집 치고 원조라는 관형어가 붙지 않은 식당이 없지만, 식당 안의 많지도 적지도 않은 손님들이 그의 마음을 편하게 해준다(기실 이 '원조 소문난 닭한마리'는 내가 그와 똑같이 마음이 편하다는 이유만으로 십 년 가까이 다니는 단골집이기도 하다).

한 가족 만찬으로 제격

자신도 모르게 식당의 한 귀퉁이에 자리를 잡은 그는 닭한마리를 주문한다. 이미 꼬박 하루를 엄나무와 황기, 마늘을 넣고 푹 고와서 전혀 닭냄새가 나지 않는 닭한마리는 육수에 기름기도 찾아볼 수가 없다. 닭한마리에 곁들여 감자와 떡이 들어있는 커다란 양푼냄비가 적당히 끓기 시작하자 그는 우선 아내에게 먹을 것을 권한다. 아내는 새콤달콤한 야채 겨자소스에 닭고기며 떡, 감자 따위를 찍어먹으며 모처럼만에 환한 표정이다. 아내뿐만 아니라 아이들이 닭고기보다는 떡이며 감자를 좋아하자 그는 추가로 떡사리를 한 접시 더 시킨다.

닭한마리와 떡사리 한 접시에도 좋아라 신명이 나있는 식구들을 바라보자, 그는 불현듯 눈시울이 뜨거워져 온다. 그는 할 수 없이 소주 한 병을 시킨다. 그리고 말없이 자작으로 한 잔 두 잔 목 안으로 깊이 털어 넣는다. 그러다가 문득 생각이 돌아 아내에게 잔을 내밀자 아내는 두 말 없이 잔을 받는다. 아내가 단숨에 술잔을 비운 다음에 그에게 다시 잔을 건네고, 그는 또 다시 눈시울이 뜨거워져 온다.

닭고기가 비어지자 이번에는 칼국수를

시켜서 닭한마리의 남은 국물에 끓인다. 아내는 아예 이마에 송글송글 땀방울까지 맺혀가며 아이들 먹이랴, 틈틈이 자신도 먹으랴, 정신이 없다. 칼국수를 먹고 나면 이번에는 공깃밥 한 그릇을 시켜 국물에 볶아먹는 것으로 닭한마리의 전 과정을 끝낸다. 가만 있자, 모두 얼마가 들었더라. 닭한마리에 1만 3,000원, 떡사리 한 접시 추가 1,000원, 공깃밥 1,000원, 칼국수사리 2,000원, 소주 3,000원, 모두 2만 원이다. 결국 네 식구의 마지막 만찬에 2만 원이 든 셈이다.

닭한마리 식당을 나서며 그는 직장을 잃은 후 처음으로 가슴이 훈훈해져 온다. 그리고 저 밑바닥에서부터 비롯하여 알 수 없는 힘이 솟구쳐 오르는 기분이다. 그는 아내와 아이들을 거느린 채, 공구점이며 공업사, 천막가게, 헌 구두며 군복가게들이 줄지어 서있는 전혀 비현실적인 1950년대 복고풍의 대학천길을 걷는다. 그러다가 문득 국화빵이며 붕어빵 같은 각종 빵틀을 파는 가게 앞에서 발길을 멈춘다. 그리고 가격을 묻는다. 둘 다 20만 원 정도이다. 그가 아내를 돌아보자 아내가 그에게 눈으로 묻는다.

"왜 붕어빵 장사하게요?"

그 역시 눈으로 대답한다.

"못할 것도 없지."

내친 김에 냉면 만드는 기계며 통닭 튀기는 기계에도 관심을 갖는다. 뜻밖에도 가격이 비싸지 않아 40만~50만 원 정도이다. 이번에는 건축자재 가게에서 벽돌 쌓거나 콘크리트 작업할 때 쓰는 쇠손을 만져 본다. 가격은 4,000원이다. 그는 어쩐지 그런 막일도 못할 것이 없을 것 같은 기분이다.

〈원조 소문난 닭한마리〉에서 마주 보이는 골목길을 들어서면 곧바로 왼편에

〈청천강〉(02-2266-7091)이라는 민물매운탕집이 숨어 있다.

그가 만일 닭고기를 싫어한다면, 먹자골목에서 찾을 곳은 당연히 〈청천강〉이다. 역시 네 식구가 간다면 메뉴 중에서 메기매운탕을 권하고 싶다. 대·중·소로 나누어지는데, 각각 2만 5,000원, 2만 원, 1만 5,000원이다. 이중에서 1만 5,000원짜리에도 팔뚝만한 메기 두 마리가 들어있어 네 식구 먹기에는 충분하다. 〈청천강〉의 자랑은 2,000원짜리 돌솥밥인데, 검은 콩을 넣어 금방 내놓는 돌솥밥은 매운탕에 말아먹어도 좋지만 정갈한 반찬과 함께 맨밥으로 먹어도 찰진 달콤함이 금방 입안에 가득 찬다. 네 식구라도 돌솥밥은 두 솥이면 된다.

〈청천강〉에는 메기매운탕 이외에도 추어탕(6,000원), 통추어탕(7,000원)이 있고, 빠가사리매운탕, 메기빠가사리매운탕이 역시 대·중·소로 나누어져 각각 2만 5,000원, 2만 원, 1만 5,000원인데, 주인은 메기빠가사리매운탕을 추천한다. 주인의 말인즉, 메기는 살이 많은 대신 고소한 맛이 덜하고 빠가사리는 고소한 맛은 강한데 살이 없어서 둘을 섞으면 서로의 장단점이 잘 어울린다는 것이다. 이밖에도 3만 원짜리 잡탕이 있는데 다른 집과는 달리 모래무지며 누치 따위 물고기를 쓰지 않고 메기, 빠가사리에 미꾸라지만을 섞어 진한 맛을 낸 것으로, 네댓 명의 술꾼들이 진한 맛을 즐기며 술안주로 먹기에는 그만이다.

닭한마리에 비하면 1만 원쯤 더 들어서 3만 원 가까운 가격인데, 그로서는

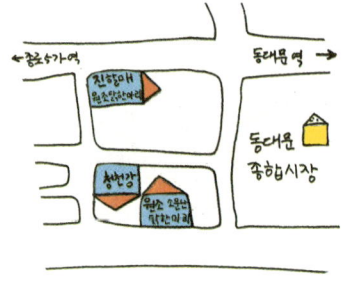

네 식구의 마지막 만찬이라면 얼마든지 감내할 수 있을 터이다.

더군다나 오늘의 만찬으로 인해 가슴 저 밑바닥에서부터 비롯하여 뭔가 정체를 알 수 없는 힘이 솟구쳐 오른다면 결코 비싼 값이 아니다. 어떤가, 먹자골목에 와서 그 정도의 힘을 얻었다면 그동안 몸과 마음에 쌓인 거품을 걷어 내고 자신이 선 자리에서 한 단계 아래로 내려가 무슨 일이든 새롭게 시작할 수 있지 않을까.

'지점 10군데' 자긍심 대단

〈진할매 원조 닭한마리〉는 확실히 닭한마리 업종에서는 출세한 집이다. 이미 열 군데에 지점을 내어 닭한마리를 프랜차이즈화시킨 자긍심이 대단하다. 그런 식당의 유리문에는 다음과 같은 광고문이 붙어 있다.

'나는 지금 70노인입니다. 1978년 우리 식구가 죽느냐 사느냐 기로에 놓인 시절이 있었습니다. 그때 무엇인가 먹는장사를 해야겠다고 결심하고 여러 가지 연구를 하던 중 닭 요리가 생각났습니다. 나는 원래 마음먹은 일을 끝내지 않고는 잠을 이루지 못하는 성질인지라 밤을 새워 고민하면서 닭을 재료로 한 여러 가지 요리를 만들어 놓고는 주위 사람들에게 시식을 시켰습니다. 그렇게

열흘 정도 지나자 한 가지 요리에 열 명 중 칠팔 명이 칭찬을 했습니다. 그것이 바로 닭한마리입니다. 모든 음식의 맛은 첫째로 재료의 신선함에서 찾는 것을 원칙으로 알고, 그날그날 항상 물을 끓여 놓고 다 낡은 자전거를 타고 중앙시장에 가서 한 마리 두 마리 닭장에서 산 채로 잡아 오곤 했습니다. 재고는 절대로 남기지 않았습니다. 그렇게 닭한마리 요리를 하면서 땀이 눈, 코, 입으로 흘러내려도 힘들지 않았던 것은 오직 식구들의 목숨이 걸려있는 일이었기 때문이었지요. 당시 닭 한 마리에 1,200원에 사오면 1,300원에 팔 정도로 마진 없이 오로지 많은 사람에게 시식시킨다는 생각으로 전념한 결과, 3년이 지나자 손님이 줄을 섰고, 소문에 소문이 꼬리를 물고 각종 신문 잡지며 TV에 실리게 되었습니다…….'

강남의 맛집

마침내 입춘과 우수를 지나고 봄이 비롯되었다. 얼핏 보면 봄이야 시절에 따라 저절로 오는 것 같지만, 결코 저절로 오는 봄이란 없다. 지난겨울의 혹독한 추위와 모진 눈보라가 있어야 비로소 꽃 피는 봄도 있는 것이다. 우리의 삶도 봄과 마찬가지일 터이다. 절망을 거치지 않은 희망이란 얼마나 무의미할 것인가.

우리 선인들이 입춘이 되면 봄맞이라도 하듯이 대문이며 사랑방 기둥에 크게 써 붙이던 입춘대길(立春大吉)의 대길은 주역의 지천태(地天泰)에서 나온 말로, 역술인들은 입춘대길과 함께 이 괘를 그려 넣기도 했다. 이 지천태의 괘는 곤괘(坤卦)의 땅이 위로 올라가고 건괘(乾卦)의 하늘이 아래에 있어 얼핏 위아래가 뒤바뀐 것 같지만, 오히려 이 뒤바뀜을 선인들은 크게 길하게 여겼으니 그이들의 깊은 뜻이 오늘에 새삼스럽다.

하늘과 땅의 기운이 뒤바뀌는 입춘

선인들에게는 봄이야말로 어두운 음의 기운이 하늘에 가득하고 밝은 양의 기운이 땅에 가득하여 이 뒤바뀐 기운으로 만물이 생겨나는 시절인 것이다. 하늘과 땅이 서로 자신의 위치를 고수하다 보면 천하에는 아무런 변화도 일어나지 않고, 만물도 생겨날 수가 없다. 대신에 하늘과 땅이 뒤바뀌면, 절망과 고통이 어쩔 수 없이 뒤따르는 가운데에서도 하늘과 땅이 본디 자리로 돌아가려는 기운이 천지에 가득하게 된다. 그리하여 마침내 하늘과 땅의 교류가 이루어져 만물이 생겨나는 것이다. 비록 절망과 고통이 뒤따른다 해도, 이런 천지의 뒤바뀜이 어찌 크게 길하지 않으랴. 천지의 뒤바뀜을 사람살이 식으로 풀이하자면, 가장 깊은 절망의 가운데에서 한 가닥 희망이 솟아 나오고, 반대로 온통 장밋빛으로 가득한 희망의 가운데에서 이미 한 가닥 절망은 비롯된다는 지혜일 터이다.

천지의 뒤바뀐 기운은 어느 새 그대를 파고들어 마침내 그대에게도 지천태의 입춘대길로 봄이 온다. 길고 긴 절망의 터널을 지난 그대가 이제는 희망을 꽃피우고, 그리하여 일생에 가장 소중한 이를 만나게 된다. 자, 이 크게 길한 날에 어디에 소중한 이와 만나는 자리를 마련할까.

강남의 지하철 2호선 역삼역 2번 출구를 나오면 바로 앞에 스타타워라는 멋있는 빌딩이 바라보는 이의 고개를 모자라게 할 만큼 높은 키로 세련된 외양을 자랑하고 있다. 그 빌딩을 끼고 돌면 후문이 나오는데 후문 바로 앞에 '바이더웨이'라는 24시 편의점이 있을 터이다. 그 골목을 들어서서 10여 미터 걷다 보면 〈민들레〉(02-558-8513)라는 자그맣고 예쁜 입간판을 만나게 된다. 2층 양옥집을 개조하여 전통 한정식집으로 꾸몄는데, 깔끔하면서도 멋스러운 실내 디자인과 개량한복 차림의 종업원들이 예사롭지 않은 주인의 성품을 은은하게 내비치고 있다.

얼핏 한정식집 주인으로는 어울릴 것 같지 않은 깊은 눈빛과 단아한 분위기의 오성숙 씨가 있는 듯 없는 미소를 띤 채 그대에게 조용히 인사를 할 터이다. 그 첫 대면의 순간 그대는 그이에게서 어쩌면 그대와 함께 사람살이의 신산고초를 겪으면서 심성이 보다 그윽해진 큰누님이나 혹은 큰언니 같은 살붙이의 정을 느낄지도 모른다. 그런 살붙이의 정을 느끼면서 그이의 곁을 보면, 이번에는 흰머리가 참 잘 어울리는 장년의 노신사가 역시 그대에게 가볍게 인사를 할지도 모른다. 흰머리의 그이는 다름 아닌, 서울대학교 정치학과 교수인 김세균 박사이다. 방학이 되거나 한가할 때면 그이는 이따금씩 〈민들레〉에 나타나 아내인 오성숙 씨를 도와 기꺼이 손님들과 어울리기도 한다.

한때 참교육 · 여권 운동에 몸담기도

〈민들레〉에 와서 주인 내외를 만나 본 이들은 한결같이 한 가지 의문을 품게 된다. 적어도 이 나라 명문대학의 교수이고 또 그 부인되는 이가 도대체 더 이상 뭐가 부족해서 한정식집까지 차리게 된 것일까. 1997년 〈민들레〉라는 한정식집 주인이 되기 전까지만 해도 오성숙 씨는 명문대학의 교수 부인이기에 앞서 1980년대 후반부터 '참교육을 위한 전국학부모회' 회장을 맡아 전교

조와 함께 잘못된 교육 정책을 바로잡기 위해 운동권에 몸을 담아 온 소위 여성 운동가였다. 또한 '한국여성민우회' 편집실장이며 정책실장으로, 저소득 여성들이나 근로여성들을 위한 지원활동에 나서 공부방이나 쉼터를 열어 주고, 주부들을 위한 '생활협동조합'을 설립하는 등, 여성의 지위를 자리매김하는 여권 운동의 일선에서 뛰어온 이였다. 그런가 하면 그이의 남편 되는 김세균 교수는 형제인 사회학의 김진균 교수와 함께 진보적 지식인의 길을 걸어오며 1970년대부터 이 땅의 민주화 운동에 이론적 토대를 마련한 이이기도 했다.

오성숙 씨가 자신의 잘못된 빚보증 한 번으로 집이며 재산 따위를 깡그리 다 잃고 무일푼이 되어 남편이며 아이들과 함께 10여 평 남짓 되는 셋방에 나앉게 된 것이 바로 1997년이었다.

이때부터 그이는 모든 사회활동을 접고 여기저기서 돈을 그러모아 한정식 집을 차린 것이었다. 기실 그이는 평소부터 음식 솜씨가 남달라서, 남편과 함께 독일의 베를린에 있는 자유대학에 유학 중이던 1980년대 초에는 당시에 소위 운동권 출신 유학생들이며 황석영 씨 같은 정치적 망명자들 사이에서는 그 뛰어난 음식 솜씨 때문에 청진옥으로 불리기도 했다. 청진옥이란 그이의 큰아들 김청진이라는 이름에서 따서 유학생들이 붙인 별칭으로, 프랑크푸르트에 있던 이해동 목사 내외의 해동여관과 함께 유학생들에게는 공짜로 자고 공짜로 고국의 음식을 먹으며 향수를 달랠 수 있는 소중한 쉼터이기도 했다.

단아한 분위기의 큰누님 같은 안주인

〈민들레〉의 한정식은 코스요리를 주로 하지만, 낮 손님들을 위해서는 민들레밥상이라고 하여 흑임자죽이며 녹두죽 같은 죽에 잡채, 야채샐러드, 해물무침, 고등어조림, 김치전, 콩비지 등에 된장찌개며 밥이 나오는데, 무나물이며 취나물, 고사리나물 무침에 조개젓, 도토리묵, 김치 같은 밑반찬이 따라 나온다. 이 8,000원짜리 민들레밥상에 곁들여 불고기볶음이며 제육주꾸미볶음, 해물한정식, 더덕구이, 갈비찜오분자기, 메로구이, 간장게장 등이 추가되면 각각 1만 원에서 1만 5,000원짜리 정식이 된다.

저녁나절에 주로 하는 코스 요리에는 1인분에 2만 5,000원짜리 기본정식과 3만 5,000원짜리의 민정식이 있는데, 그대가 소중한 이와 처음으로 함께 하는 자리라면 약간 무리할지 모르지만, 민정식을 권하고 싶다. 민정식은 나오는 순서에 따라, 녹두죽에 야채샐러드, 탕평채, 찹쌀화전이며 생선전이며 표고버섯전으로 구색을 맞춘 삼색전, 도미찜, 굴이며 소라며 우렁이며 새우가 들어간 모듬해물, 도다리며 도미의 싱싱한 모듬회, 연어쌈, 수삼과 꿀, 해물고추잡채, 홍어와 돼지고기에 보쌈김치를 곁들인 홍어삼합, 구절판, 새우튀김, 갈비찜, 해물냉채, 대구탕, 장어구이 등이 나오고, 마지막으로는 민들레밥상의 반찬과 밥에 누룽지가 함께 나온다. 〈민들레〉에는 10여 개의 방에 130석의 자리가 있어 얼마든지 대형 모임도 가능하다.

유학 생활 10년 동안 익힌 미각 잘살려

지하철 2호선 강남역에서 내려 7번 출구를 나와 시티극장에서 골목으로 접어들어 50미터쯤 언덕길을 올라가면, 골목 막다른 곳에 〈푸치니〉(02-552-2877)라는 정통 이탈리아 레스토랑이 있다. 일찍이 서울대학교 음악대학에서 성악을 전공하고 곧장 이탈리아로 건너가 로마에 있는 페스타라 음악원에서 10년 가까이 유학을 하고 돌아와 모교에서 강사를 지낸 테너 안종선 씨가 주인인데, 1998년에 자신이 살던 양옥을 개조하여 3층까지 한결 깔끔하고 격조 있는 레스토랑으로 바꾸어 놓았다.

투명한 유리창으로 지붕을 덮은 정원에 앉아 따스한 햇살을 그대로 받으며 소중한 이와 함께 정통 스파게티며 파스타를 즐기고, 밤이면 밤하늘을 올려다 보며 별도 헤아릴 수 있는데, 〈푸치니〉의 지배인으로 있는 피아니스트 안토니오 파텔라 씨의 감미로운 연주까지 들을 수 있다면 더욱 소중한 시간이 될 터이다. 볼로냐의 음악원에서 피아노를 전공하고 서울발레단의 음악 감독으로 왔다가 8년 넘어 머무르고 있는 안토니오 씨의 피아노 연주에 맞춰 안종선 씨의 테너 독창까지 들을 수 있다면 거기에서 더 이상 무엇을 바라랴.

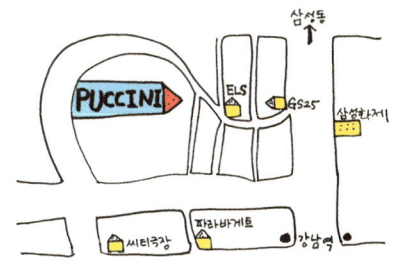

〈푸치니〉의 손님들은 거의 절반 가까이가 외국인들이고, 그만큼 주인 되는 이의 정통 이탈리아 요리에 대한 자부심도 대단하다.

주로 이탈리아인들을 위시한 유럽인들이 즐겨 찾는데, 기실 10년 가까이 이탈리아에 유학하면서 정통 이탈리아 요리의 미각을 익힌 그이가 귀국하자마자 〈푸치니〉를 차린 것도 그때까지 우리나라에 있는 이탈리아 레스토랑들이 그의 미각을 만족시키지 못한 때문이었다. 그이는 통밀에서부터 치즈같이 이탈리아 요리에 필요한 재료들을 거의 대부분 이탈리아에서 수입하여 사용하고 있다.

〈푸치니〉에서 레스토랑의 이름을 내걸고 손님들에게 특선메뉴로 내놓는 '스파게티 알라 푸치니'는 푸치니 스페셜로 부르기도 하는데, 볼로냐와 피렌체 사이의 산간지방인 폴리아에서 주로 먹는 토속 음식으로 파마산 치즈 중에서도 3년산 레지아노 치즈를 사용한다.

이 치즈는 무게가 35킬로그램이 나가는 거의 맷돌만한 크기인데, 치즈 가운데에 홈을 파서 홈에 '바카디151'이라는 높은 도수의 럼주를 붓고 불을 붙여 치즈를 녹인 후에 여기에 스파게티며 야채를 넣어서 비벼내는 식이다.

1인분에 1만 8,000원인 이 푸치니 스페셜은 강한 화력으로 럼주가 증발한 후에도 그윽한 향이 남아 여성들도 즐기는데, 요리사가 주방에서 나와 손님 앞에서 직접 시연을 펼치고 서브까지 한다.

여의도의 맛집들

누가 뭐라고 해도 여의도는 우리나라 정치와 경제, 문화의 중심지다. 국회가 있고, 증권가가 있으며 게다가 방송 3사가 한꺼번에 몰려있다. 이런 식이라면 권력과 금력을 비롯한 무소불위의 강력한 힘이 한자리에 모여 있는 셈이다. 아니, 또 있다. 단일 교회로는 그 크기나 신도의 숫자에 있어서 세계에서 으뜸으로 꼽힌다는 순복음 중앙교회가 있으며, 가장 높은 63빌딩이 있다. 1970년대만 해도 고작 군용비행장이 그 쓰임새의 전부였던 넓고 황량한 모래벌판이 30년이 조금 넘는 기간에 나라의 중심을 차지하는 땅이 될 줄 누가 알았으랴.

권력이며 금력이 모여 있는 여의도에 자연스럽게 맛집들 또한 넘쳐나지 않을 수 없다. 얼핏 보면, 하늘이 낮다고 치솟은 금융가의 빌딩들, 고급 아파트

단지 일색의 살벌한 풍경 속에 어디 한 구석 사람냄새라고는 맡을 수가 없다. 그러나 조금만 자세히 보면 빌딩 사이사이의 내면 도로 안에 사람냄새가 물씬 풍기는 맛집들이 넉넉하게 숨어 있다. 사람냄새가 풍기는 맛집에 어찌 도타운 정이 없으랴. 그리하여 샐러리맨들을 위시한 여의도 주민들은 마치 캄캄한 어둠 속에서 불을 찾아 모여드는 불나방처럼 기꺼이 정이 도타운 맛집들을 찾아서 모여든다.

살벌한 풍경 속 도타운 인심 자랑

여의도 백화점 앞 백상빌딩 1층에 〈율도〉(02-784-8877)라는 일식집이 있다. 실내 디자인이며 객실 분위기는 얼핏 보기에 여느 일식집과 다를 바 없는 그저 평범한 일식집일 뿐이다. 그러나 주인 내외를 만나는 순간 〈율도〉의 인상은 전혀 달라진다. 안주인 마정수 씨도 그렇지만 특히 바깥주인 이춘형 씨를 만나는 순간, 대뜸 끌려드는 끈끈한 정을 어쩔 수가 없다.

무엇보다도 순박하고 착한 표정이며 충청도 사투리의 어눌한 말투가 사람으로 하여금 보자마자 전혀 스스럼없이 마음을 열게 만드는 것이다. 이를테면 그이는 타고난 천성이 사람을 좋아하여 누구와도 격의 없이 어울리는 다정다감한 이다. 그리하여

그이는 손님과 인사만 나누었다 하면 열이면 열 그 자리에 합석하여 함께 즐기는 이다.

〈율도〉를 처음 찾는 이라도 그곳에서 주인 되는 이춘형 씨에게 바가지를 씌우기란 손바닥 뒤집듯 쉬운 일이다. 그저 그이를 자리에 불러서 서로 인사를 나누고 술을 한 잔 건네면 된다. 만일 어느 정도 드나들어서 서로 얼굴을 아는 이라면, 주인 되는 이가 먼저 술병을 들고 손님을 찾는 일도 드물지 않다. 그리하여 술이 몇 순배 돌면, 그이가 먼저 종업원을 부른다.

"꽃게 간장이 잘 익었던데, 그것 좀 가져와요. 생태깍두기도 잊지 말고."

그러면 이번에는 종업원 대신에 안주인 마정수 씨가 어린아이 머리통만한 꽃게장이 담긴 접시를 들고 나타난다. 그러고는 그이 또한 싱글벙글 웃으며 기꺼이 손님이 건네주는 술잔을 받는다. 그리고 안주인이 다시 한 번 종업원을 부른다.

"아무래도 회가 부족한 것 같은데, 도미나 방어뱃살로 한 접시 더 가져와요."

일찍이 1970년대 우리나라 일식업계의 대부격이라고 할 수 있는 북창동의 미조리에서 갓 스물의 젊은 나이로 소위 '칼질'을 처음 배워서 '이다바'가 되었다가 마침내 여의도의 일식집 주인까지 오른 이춘형 씨는 술이 취하면 농담 한 마디를 빼놓지 않는다.

"지가유, 충청도 유구 촌놈으로 마침내 여의도까지 입성했구먼유. 저그 저 지하도를 못 건너가서 그렇지유."

이춘형 씨가 가리키는 지하도 저편에는 물론 국회가 있다. 그런데 그이가 국회를 들먹이는 데는 충분히 그럴만한 이유가 있다. 1970년대부터 1980년대까지 암울한 군사독재정권 시절에 〈율도〉를 드나들며 거의 공짜로 먹고 마시던 소위 운동권 인사이자 한편 백수건달인 많은 이들이 1990년대가 되자 너나없이 국회의원이 되어 지하도를 건너간 것이었다. 이해찬, 임채정, 김근태, 김부겸, 이길재, 유인태, 원혜영, 유시민, 배기선, 설훈 등등. 그런가 하면 시인 신경림을 위시해서 소설가 현기영, 극작가 안종관 등의 문인들이나 동아투위 출신의 기자로 연합통신 사장을 지낸 김종철이며, 출판사 사장 김학민도 모두 그이가 '거둬 먹인' 이들이었다.

횟집 주인 이춘형 씨가 뜬금없이 운동권인사들과 어울리게 된 것은 순전히 그이의 외삼촌 되는 성래운 교수 때문이었다. 몇 해 전에 벌써 고인이 되었지만, 연세대학교에서 교육학을 가르치던 성래운 교수가 하루아침에 해직교수가 되어 감옥까지 가게 된 것은 박정희 시절에 전남대학교의 송기숙 교수 등과 어울려 발표한 '우리의 교육지표' 때문이었다. 이른바 이 땅의 민주화 교육을 위한 지침으로 여겨지는 이 '우리의 교육지표' 때문에, 성래운 교수는 참으로 오랫동안 일자리를 잃고 교단이 아닌 운동권 인사들과 어울렸는데, 주머니가 가벼운 이들의 술자리로 자연스럽게 조카 이춘형 씨의 〈율도〉를 제공한 것이었다.

'거둬 먹인' 인사들 이젠 정·관계 주역

운동권 시절 성래운 교수는 교육학 전공 교수보다는 낭송 시인으로 더 유명했는데, 그이는 무려 100여 편에 이르는 시들을 모두 암송하여 민주화 운동의 무슨 행사에서는 물론, 뒤풀이 자리에서도 낭랑하고 아름다운 목소리로 기꺼이 낭송을 하고는 했다.

그이의 시낭송은 거기에서도 끝나지 않고, 조카 이춘형 씨의 결혼식 주례를 맡고서도 주례사 한 마디 없이 양성우 시인의 〈겨울공화국〉을 낭송하는 것으로 끝마쳐 신혼의 부부는 물론 하객들을 아연 긴장하게 만들기도 하였다. 서슬 푸른 유신 시절 양성우 시인은 바로 〈겨울공화국〉이란 시 때문에 감옥에 가 있고, 시인 고은과 조태일마저도 다름 아닌, 〈겨울공화국〉을 시집으로 펴냈다는 이유 때문에 역시 감옥살이를 하는 중이었다.

……총과 칼로 사납게 윽박지르고/논과 밭에 자라나는 우리들의 뜻을/군화 발로 지근지근 짓밟아대고/밟아대며 조상들을 비웃어대는/지금은 겨울인가/한밤중인가/논과 밭이 얼어붙는 겨울 한때를/여보게 우리들은 우리들은/무엇으로 달래야 하는가…….

결혼식에서 주례가 잘 살라는 주례사는 하지 않고 불온한 시나 낭송해 대니 앳된 신혼부부는 얼마나 무서웠으랴.

〈율도〉의 자랑은 점심 때 나오는 율도정식이다. 1인분 3만 5,000원의 율도정식에는 모듬생선회에다가 제주갈치탕이라는 다른 집에서는 구경할 수 없는 탕에 제주갈치구이, 초밥, 새우튀김, 메로구이 등이 뒤따른다.

제주갈치탕은 이춘형 씨가 제주도의 갈치국에 전라도의 갈치조림을 충청도식의 탕으로 변형시켜 낸 것인데, 무, 감자, 시래기, 토란대, 호박에 청양고추며, 파, 마늘을 넣어 끓여 낸 갈치탕은 갈치국의 시원한 맛과 갈치조림의 진하고 고소한 맛을 함께 살려 낸 셈이다.

또 하나 자랑은 도시락인데, 소위 1997년 IMF 초기의 김대중 대통령당선자 시절에 임창렬 부총리와 함께 국회에서 살다시피 하면서 점심이며 저녁까지 도시락으로 때울 때, 바로 하루에 100여 개 이상씩 공급했던 일화가 있는 도시락이다. 이밖에도 점심메뉴로는 장어구이, 도미머리구이, 장어덮밥, 회덮밥, 전복죽, 은대구탕 등이 있다. 그러나 뭐니 뭐니 해도 〈율도〉의 으뜸은 단연 회 뜨는 솜씨에 있다. 이춘형 씨의 칼잡이로서의 30년을 훌쩍 뛰어넘는 경력 끝에 나오는 회는 다른 집보다 두터우면서 길고 가는 회 뜨기가 자랑인데, 회 뜨기 자체만으로도 입 안 가득히 감겨 드는 맛은 일품이다. 저녁에 나오는 특생선회는 1인분에 7만 원인데, 방어뱃살, 도미뱃살, 도미, 농어뱃살, 광어, 광어뱃살, 전복 등이 오르고, 곁들여 나오는 안주에는 키조개, 뿔소라, 개불, 문어, 고둥, 곰피, 붉은 새우에 비단멍게, 홍삼, 홍어내장, 산마 등이 따른다.

공짜로 먹기엔 미안한 선지해장국

원효대교를 건너 여의도로 접어들어 직진하면 KBS 별관과 인도네시아 대사관이 나오는데, 그 직전의 네거리를 넘어서는 왼편 가각 우정빌딩 1층에 〈서글렁탕집〉(02-780-8858)이 있다. 지금부터 30년 전 여의도의 절반 정도가 개발이 되지 못하고 아직은 황량한 벌판으로 남아있을 때, 일찍 자리를 잡은 〈서글렁탕집〉은 여의도에서는 그야말로 터줏대감 같은 맛집일 터이다. 처음에 설렁탕집을 했는데, 설렁탕과 발음이 비슷하면서도 주인이 서글서글 인상이 좋다는 손님들의 한 마디에 힌트를 얻어 〈서글렁탕집〉으로 했다는 이 맛집은 뜻밖에도 삼겹살 양념구이로 유명한 집이다.

모르기는 해도 삼겹살을 양념간장에 발라 숯불에 석쇠를 올려 구워먹는 식으로는 전국에서 처음일 것이라는 주인의 단언이 그대로 수긍 가는 집이기도 하다. 원래 삼겹살을 간장에 발라 숯불에 구워먹는 식은 청주와 충주 일대에 옛날부터 전해 오고 있었는데, 우연히 그 맛을 본 주인이 〈서글렁탕집〉만의 양념간장을 개발한 것이다. 삼겹살에 바르는 달콤하면서도 부드러운 양념간장은 손님들 사이에서는 양념소스로 더 알려졌다. 계피, 흑설탕, 초콜릿, 마늘, 파 등의 양념에 간장을 부어 만드는데, 바로 이 간장에 〈서글렁탕집〉만의 숨겨진 비밀이 있는 모양이다.

〈서글렁탕집〉의 주인은 모두 4명이다. 형 홍정원, 동생 홍동원 형제에다가 형의 부인 손승인, 동생의 부인 장덕순 이렇게 4명에서 30년 가까운 세월 동안 사이좋게 홀이며 주방을 맡아 식구끼리 운영하고 있다. 아니, 또 있다. 형의 아들 홍주성

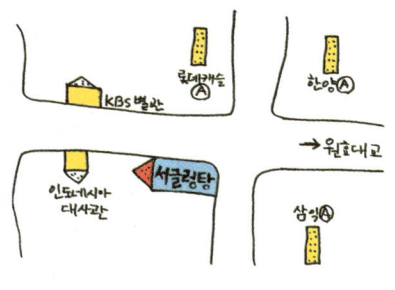

이 대학을 휴학하고 홀에서 서빙을 하며 〈서글렁탕집〉의 비법을 전수받고 있는 중이다. 어쩌면 이런 가족끼리의 운영이 〈서글렁탕집〉의 도타운 정과 함께 1인분 7,000원짜리 삼겹살 치고는 양이며 질이 넘쳐난다 싶게 풍성한 이유인지도 모른다. 이런 풍성함이 옛날 TBC 시절부터 직원들의 입소문을 타고 번져 〈서글렁탕집〉을 일약 유명하게 만들었을 것이다.

〈서글렁탕집〉에서는 삼겹살을 시키면 상추며 깻잎 같은 야채와 파무침에 곁들여 선지해장국 한 그릇이 공짜로 나오는데, 그 진하고 고소한 국물맛이며 뚝배기에 가득한 선지덩이가 어쩐지 공짜로 먹기에는 미안한 기분이다. 그뿐이랴. 삼겹살을 먹다 보면 어느새 대형 콜라 한 병까지 턱, 탁자에 놓이기 마련이다. 이 콜라도 공짜인 것은 물론이다. 〈서글렁탕집〉에서는 삼겹살 이외에도 등심이며 염통과 콩팥도 있고, 4,000원하는 설렁탕과 내장탕, 그리고 3,000원하는 선지해장국도 있다.

김치요리 모두 모인 '김치방'

KBS 별관을 따라 골목을 돌아들면 오른편으로 두일빌딩이 나오는데, 이 두일빌딩 1층에 〈김치방〉이 있다. 〈김치방〉은 상호 그대로 김치로 만든 요리 일색인 김치 전문집이다. 김치전골, 김치국밥, 김치국수, 김치주먹밥, 김치전, 두부김치, 김치해물전, 그리고 하다못해 묵은 김치에 돼지고기와 홍어를 곁들여 먹는 삼합까지, 얼핏 김치로 만들 수 있는 요리는 거의 다 있는 셈이다.

2만 4,000원짜리 삼합을 빼고는 가격이 저마다 3,000원에서 5,000원 안팎인데, 그중에 김치국수와 김치국밥은 김치방에서 자랑스럽게 내놓는 메뉴이다.

김치국수는 주인 되는 김진주 씨의 시부모님이 함경도 출신인데, 겨울이면 집에 손님이 올 때마다 시어머니가 갖은 전과 함께 만들어 내놓는 김치국수를 어깨 너머로 배운 솜씨에다가 본인의 손맛을 가미한 것이다.

먼저 김치를 담글 때 김치 통이 절반 못 담기게 양을 조절하여 김치를 담고, 그 위에 돌을 눌러놓은 다음에 맑은 생수를 부어넣는 식이다. 그렇게 김치를 숙성시킨 다음에 보름 정도 냉장으로 보관했다가 국수사리에 김치 국물과 김치를 얹어 낸다.

그이는 김치국수의 국물 맛을 내기 위하여 처음에는 여러 가지로 시행착오를 겪었는데, 김치에 사골 육수를 붓거나 멸치 국물을 부어 보고, 새우 국물도 부어 본 중에 가장 맛깔스러운 것은 뜻밖에도 아무런 가미 없이 생수만 부은 김치였다.

돼지고기를 넣는 김치전골과는 달리 김치국밥은 해물을 위주로 한다. 굴,

홍합, 새우, 오징어를 넣고 멸치 국물을 육수로 하여 김치와 콩나물을 넣어 끓여 내는데, 그 담백함이란 얼핏 상상이 안 될 정도이다.

이렇듯 김치국밥이나 김치국수에 3,000원짜리 김치주먹밥까지 곁들이면, 주인 되는 이의 넉넉한 품성과 함께 먹는 일의 즐거움이 새삼스러울 터이다.

신촌 대학가 골목

싼 값이 미덕 '껍데기'

신촌 로터리에서 연대 앞 굴다리, 그리고 국철 신촌역을 거쳐 이대 앞에 이르는 여러 골목들을 일컫는 소위 '신촌 대학가'에는 밤낮없이 젊은이들로 넘쳐난다. 아무리 나라에 불황이 깊어지고 고학력 청년실업이 사회문제가 되어도, 이곳만은 예외인 듯 젊은 인파가 화려하게 골목골목을 흘러 다닌다. 어디 젊은이들만 화려한가. 어쩌다 잘못 들어선 나 같은 중년마저 오늘만큼은 삶의 남루(襤褸)를 벗어던진 채, 기꺼이 젊은 인파에 휩쓸리며 함께 화려하다.

　신촌 대학가의 먹자골목은 넘치는 젊음만으로도 충분히 아름답고 향기로운 느낌이다. 먹자골목 어디를 둘러보아도 간판이며 상호, 디자인에 이르기까지 젊은 감각이며 갓 잡아 올린 생선처럼 싱싱한 생명감으로 통통 튀어난다. 트라이앵글, 소금인형, 연필 두 타스, 헝그리, 고래밥, 모비딕, 아이디, 클릭, 불량식품, 딱지치기, 신계초전문라면, 고기창고, 신촌스토리, 서피동파, 짱아, 찜닭웰……

그러나 다시 한 번 둘러보면 젊음의 화려하고 아름다운 향기 속에서도 불황의 그림자 또한 기다렸다는 듯이 쉽게 제 모습을 드러낸다. 불황이 깊을수록 매운 음식도 많아진다고 한다. 소위 요식업계의 '매운 불패 신화', 불황에는 매운 음식만이 죽지 않고 살아남는다는 신화이다. 〈홍초불닭〉, 〈辛불닭〉, 〈오마이핫〉, 〈신닭발불곱창〉, 〈매운불갈비〉, 〈화풀이신촌주점〉, 〈화도풀고속도풀고〉…… 먹자골목 곳곳에 불황을 대변하는 매운 음식들이 소문 없이 빼곡히 껴들어 있다.

골목 어디서나 맛있는 집 쉽게 발견

동양의 음양오행(陰陽五行) 사상에서 음은 우주에 있는 삼라만상의 모든 부정적인 이미지를 상징한다. 밝은 태양의 반대편에 있는 어두운 밤, 남자의 반대편에 있는 여자, 하늘의 반대편에 있는 땅, 지아비의 반대편에 있는 지어미……, 그렇듯 양의 길사(吉事) 반대편에서 음은 흉사(凶事)를 상징한다. 그런 식이라면 희망의 반대편에 있는 절망이며 호황의 반대편에 있는 불황 또한 당연히 음으로 해석하는 것이 가능하다. 또한 나라에 불황이 깊어져서 대학가에 고학력 청년 실업자가 넘쳐나는 지금은 어쩔 수 없이 음의 시절이다. 그러고 보니 절기 또한 언뜻 동지 무렵을 지나는 엄동설한이 아닌가.

　24절기에서 동지란 음이 가장 왕성한 때이다. 주역으로 본다면 동지란 양은 하나도 없이 애오라지 음으로만 가득 찬 강음의 절기인 것이다. 실제로도 지난 한 해 대지를 누비던 모든 생명 있는 것들의 싱싱한 약동은 거짓말처럼 사라지고 죽음의 잿빛 풍경만이 사방을 뒤덮고 있다. 아직까지 생명이 남은 것들도 한겨울의 모진 추위를 피해 죽은 듯이 한껏 몸을 움츠리거나 추위가 미치지 않는 깊은 곳으로 숨어들었을 터이다.

　얼핏 우리 인생살이 식으로 생각하면, 강음의 동지란 흉사만 가득한 절망과 죽음의 순간처럼 여겨진다. 정말 그런가. 아니다. 우리 조상들은 하필이면 동짓날을 골라 붉은 팥으로 팥죽을 쑤어 먹으며 집안의 흉사를 모두 쫓아내는 벽사를 벌였다. 조상들은 다름 아닌, 음만 가득한 절망과 죽음의 순간이야말로 이미 그 안에 희망과 생명의 씨앗을 처음으로 잉태하는 더없이 상서로운 순간이라는 것을 알기 때문이었다.

　주식용어로 소위 '바닥을 친다' 는 말이 있다. 주식이 한 없이 추락하다 보면 더 이상 내려갈 곳이 없는 바닥에 닿고, 거기서부터는 드디어 위로 치솟아 오를 수밖에 없는 반환점이 바닥인 것이다. 주식의 '주' 자도, 투자의 '투' 자도 모르던 아득한 옛날부터 조상들은 슬기롭게도 동짓날이 바로 그렇게 음의 바닥을 치는 반환점임을 알았다. 그렇다. 동지를 시작으로 해서 더 이상 음은 남아있지 않고, 앞으로 올 것은 애오라지 양뿐이다. 그런 동지가 어찌 상서롭지 않으랴.

저마다 '원조' 내세우며 경쟁

만일 그대가 고학력 청년실업자가 되어 영혼마저 추위와 굶주림에 떨고 있다면, 더 이상 망설이지 말고 신촌 대학가의 먹자골목으로 오라. 그리고 스스럼없이 저 향기롭고 아름다운 인파 속에 끼어들어라. 그대 또한 아직은 향기롭고 아름다운 젊은이가 아니냐.

그렇게 젊은 인파에 끼어들어, 흡사 조상들이 팥으로 팥죽을 쑤어먹으며 집안의 삿된 잡귀들을 물리치는 벽사를 하듯이, 그대도 먹자골목 어디에나 널려 있는 싸고 맛있는 집으로 들어가라. 그리고 그대 영혼의 잡귀인 추위와 굶주림을 물리쳐라. 그 순간 그대는 반드시 바닥을 치고 일어나 위로 치솟아 오르리라.

흔히 겨울이 가야 봄이 오는 것으로 알고 있듯이, 젊은 그대는 절망이 사라져야 희망이 오는 것으로 알고 있지 않으냐. 그리하여 그대는 저절로 절망이 사라지고 희망이 오기만을 기다리고 있지 않으냐. 아니다. 그대의 희망은 바로 절망에서 온다.

그대가 더 이상 일어설 힘도 없이 삶의 절망에 빠져 있을 때, 눈에 보이는 것이라고는 절망이 드리운 죽음의 잿빛 풍경뿐일 때, 바로 절망의 깊은 구렁텅이에서, 그대 자신도 미처 몰랐던 한 가닥 희망이 이미 싹트고 있을 터이다. 절망의 터널을 거치지 않는 희망이란, 마치 겨울을 건너 뛴 봄처럼 전혀 무의미하다.

4시간 마시고 3,000원

신촌 로터리에서 연대 쪽으로 가다 보면 독수리약국이 있다. 바로 그 골목에 소위 '싸고 맛있는' 껍데기집들이 몰려 있다.

저마다 원조임을 내세우지만, 눈 밝은 이들은 이중에서 〈연대껍데기〉(3호점 02-313-0436, 2호점 02-334-5511)가 정통임을 알고 있을 터이다.

주인 되는 김형자 씨는 일찍이 스무 살 무렵에 전라도 바닷가 마을에서 서울로 올라와 길거리에서 번데기 장사부터 시작하여 안 해 본 장사가 없이 고생한 끝에 흑석동에서 일수놀이를 하며 이제 겨우 살 만하다 싶게 한숨을

돌리는 순간에, 웬걸, 그놈의 IMF로 쫄딱 망하고, 독수리약국 뒷골목의 다 쓰러져 가는 집을 겨우 세 얻어 〈연대껍데기〉를 열었다. 그러자 우선 대학생들이 싼 맛에 하나둘 모여들고, 입소문이 더해져 얼마 후 곧장 유명세를 타기 시작했다. 마침내 손님이 미어터지는 바람에 차례로 2호점, 3호점을 먹자골목의 고만고만한 거리에 열어, 외사촌동생 최창권과 며느리 이은섭에게 각각 넘겨주었다.

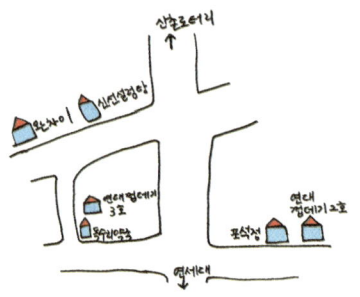

〈연대껍데기〉의 미덕은 무엇보다도

싼 값에 있다. 얼핏 계산해도 만 원짜리 한 장이면 둘이서 먹고 마실 수가 있고, 만 원짜리 두 장이면 셋이서 먹고 마시기에 부족함이 없다. 손바닥만한 돼지목살, 장어 1마리, 왕새우 1마리가 각각 2,000원이고, 껍데기가 3장에 2,500원이다. 삼겹살, 돼지갈비, 닭갈비, 닭똥집, 오징어불고기, 샤워오징어가 각각 3,000원, 이밖에 해물파전이며 김치전이 4,000원이다. 비록 2,000원, 3,000원짜리 안주들이지만, 무엇을 시켜도 싼 가격에 비해 얼핏 믿어지지 않을 만큼 양이 푸짐하다.

만일 그대가 가까스로 수중에 2만 원 정도 마련하였다 해도, 그대는 친구 두세 명과 함께 얼마든지 호기롭게 연대껍데기를 찾을 수가 있다. 우선 껍데기라는 상호에 어울리게 껍데기를 시키고 거기다 목살과 장어 한 마리를 추가하거나 아니면 통째로 양념을 한 오징어불고기를 추가할 수도 있다. 이에 곁들여 3,000원짜리 소주를 3병쯤 마셔도 아직 2만 원이 넘지 않는다. 여기에서 1,000원짜리 공깃밥을 3공기 시키면 수에 맞게 된장찌개가 뒤따라 나온다.

이 무렵이면 그대가 시키지 않았는데도 불구하고 어느 사이에 콜라나 사이다가 공짜로 그대의 탁자에 올라있을 것이다.

그래도 먹고 마신 가격은 아직 2만 원이 넘지 않을 터이다. 어디 보자, 껍데기 2,500원, 목살 2,000원, 장어 2,000원, 소주 3병 9,000원, 공깃밥 3공기 3,000원, 어떤가. 아직 2만 원이 안 넘어섰다. 아아, 이쯤에서 친구 중의 한 명이 과감하게 일어서서 2차를 가자고 외친다면, 벽사를 위한 그대의 오늘밤이 얼마나 화려하랴.

고랑 따라 막걸리 흐르는 〈포석정〉

독수리약국에서 큰길을 건너면 얼마 걷지 않아 〈포석정〉이 나온다. 포석정은 다른 음식점에서는 구경할 수 없는 몇 가지 희한한 안내문들이 있다.

우선 지하로 내려가는 입구의 벽에 붙어있는 안내문.

'어서 오십시오. 새로운 경험이 당신을 환영합니다. 고전과 현대의 절묘한 만남, 옛 왕과 귀족들이 풍류를 즐기던 포석정이 밀레니엄 시대에 새롭게 태어났습니다.'

계단을 내려가 마침내 실내에 들어서면 홀 중앙에 과연 포석정을 본뜬 타원형의 작은 고랑이 있고, 그 고랑을 따라 막걸리가 흐르고 있다. 물론 두꺼운 통유리로 덮인 군데군데 구멍이 뚫어져 있어, 그 구멍에서 작은 조롱박으로 막걸리를 길어 올려 마시게 되어 있다.

〈포석정〉을 둘러보다 보면 무심코 다른 안내문에 눈길이 간다.

'막걸리 값은 1인당 3,000원씩입니다. 4시간 동안 마음껏 드십시오. 막걸리 주문 후 4시간이 지나면 막걸리값은 다시 계산합니다.'

세상에, 4시간 동안 3,000원을 내면 〈포석정〉에 흐르는 막걸리를 무한정으로 퍼마실 수가 있다니! 놀라서 다시 한 번 살피면 무슨 경고문처럼 또 다른 안내문이 붙어있다.

'외부 음식물 반입금지!'

이를테면 술값 3,000원으로 하루 저녁을 즐기기 위해 주인 몰래 순대며 떡볶이 등을 사들고 와서 야금야금 안줏감으로 먹는 얌체들도 있는 모양이다.

40대 초반의 〈포석정〉 주인 정지순 씨는 마음씨 좋은 옆집 아주머니 같은 서글서글한 인상으로 상식을 벗어난 싼 막걸리 값에 대해 말문을 열었다.

"막걸리 값이야 어차피 손해 보죠. 허지만 우리 포석정을 홍보하는 홍보비라고 생각하면 그리 비싼 비용은 아니지요. 고작 안주를 팔아서 수익을 맞추는데, 그것마저 아까워서 밖에서 안주를 사오는 손님들도 없지 않아요."

〈포석정〉을 시작한 지 8년이 되었는데, 갑자기 작년부터 신문이며 잡지, 방송 같은 매스컴에서 관심을 갖는다면서, 주인은 그게 다 경제 불황과 연관이 있지 않겠느냐고 반문했다.

〈포석정〉에서는 막걸리만 파는 것이 아니고 소주며 백세주, 맥주 등 여타 술도 파는데 가격은 다른 술집과 비슷하다. 안주는 해물파전, 불고기파전, 참치파전, 두부김치가 각각 1만 원이고, 김치전이 9,000원인데, 주인의 넉넉한 품성처럼 양이 풍성하다.

매운맛 보려면 찾으세요

독수리약국에서 신촌역으로 빠지는 어름에서 민들레영토를 지나 신선설농탕 골목으로 접어들어 다시 왼쪽으로 꺾으면 〈완차이〉(02-392-0302)라는 조그만 중국요릿집이 숨어있다. 총복자(叢福滋)라는 흔치 않은 이름을 가진 화교가 주인인데, 탁자 6개의 〈완차이〉는 저녁 무렵만 되면 골목길에까지 손님

들이 줄을 선다. 그것은 무엇보다도 주인이 10여 년 전부터 개발해 낸 매운 요리들 때문이다. 그 중에서도 유명세를 탄 것은 '아주매운홍콩홍합'이라는 요리인데, 요리를 먹다 보면 어떻게 중국요리가 이렇게까지 매울 수 있나 하는 의문이 들 정도이다.

모르기는 해도 맵기로만 따진다면 홍초불닭이니 매운 갈비니 하는 소위 '매운 불패'의 신화도 '아주매운홍콩홍합'에는 비교될 수가 없을 터이다. 껍질째로인 홍합에 고춧가루가 무슨 딱지처럼 범벅으로 붙어있는데, 이 고춧가루가 또한 청양고추로 만든 것이다.

거의 상상을 초월하는 매운 맛에 놀라 잠시 먹기를 중단한 채 몇몇 탁자를 곁눈질하면 대부분이 '아주매운홍콩홍합'의 매운 맛과 씨름하느라 땀까지 뻘뻘 흘려가며 숫제 정신이 없다. 희한한 것은 그렇게 사생결단하듯 매운 맛과 싸우면서도 결코 누구 하나 요리를 남기는 법이 없다는 점이다. 아마도 매운 맛이 홍합의 향기로운 맛과 어우러지면서 깔끔하면서도 담백한 여운을 남겨, 입 안을 중독시키는 것인지도 모른다.

〈완차이〉의 요리는 이렇듯 대부분이 매운 맛을 내는 것이 특색인데, 완차이쌀국수볶음, 완차이굴짬뽕, 매운해물볶음밥, 매운삼슬수초면 등이 있다.

삼각지로터리 일대

　남산타워에 올라 남산 기슭에서부터 비롯하여 한강에 이르기까지 푸르게 치달려 내려가는 호로병 형태의 드넓은 녹지대를 바라다보면, 무심코 어어! 하는 탄성을 지르게 된다. 눈앞에 펼쳐진 경관이 얼핏 사실로 믿기지 않아서이다. 서울에도 이렇게 아름다운 녹지공간이 있다니! 울창한 숲과 잔디밭 사이사이로 드문드문 서양식 가옥들이 들어선 이국적인 공원 같은 경관은 분명히 한 폭의 풍경화처럼 아름답다.

　그러나 아름다운 녹지공간을 좀 더 자세히 바라다보면, 시각적인 구도에 어딘지 모르게 전체적으로 균형이 맞지 않는 것 같은 불편한 느낌을 받게 된다. 그렇다. 녹지공간을 둘러싼 주변의 모든 도로며 건물들이 심하게 왜곡되어 있는 것이 너무 쉽게 눈에 뜨인다. 남산 기슭을 입구로 하여 호로병 형상인 녹지공간을 빙 둘러싸고 있는 도로며 건물들은 어쩔 수 없이 초라하고 볼썽사납다. 가운데 있는 녹지공간이 아름다우면 아름다울수록 반대급부로 호로병 바깥 공간은 더욱 흉물스러워 보이는 것이다.

1960·1970년대식 후진 골목…… 개발 바람도 잠잠

아름다운 녹지공간은 다름 아닌 미8군사령부다. 용산 동쪽의 대부분을 차지한 채 헬리콥터장이며 골프장까지 갖춘 미8군사령부의 녹지공간을 다치지 않기 위해, 잠수교나 동작대교 같이 한강을 건너 서울 중심부로 달리는 도로들은 왜곡되어 호로병 형상 바깥으로 빙 둘러산다. 어디 도로뿐이랴.

주변의 건물들마저도 군사상 고도제한지역으로 묶여 개발이 불가능하게 되는 바람에 오래된 일본식 적산가옥 따위들만이 호로병 바깥에 무슨 부스럼딱지처럼 다닥다닥 붙어있다. 그런 식이다 보니 삼각지 로터리 어름에 붙어 있는 국방부며 전쟁박물관도 어쩔 수 없이 미8군사령부의 그늘에 가린 것 같은 느낌에서 벗어날 수가 없다. 전쟁박물관은 육군본부가 들어서 있던 자리다.

불과 몇 해 전까지만 해도, 녹지공간 바깥의 호로병 지역에서도 가장 흉물스러운 곳은 삼각지 로터리 부근이었다. 역시 군사상 고도제한에 묶인 데다 주변의 한남동이나 이태원 등은 주로 미8군 소속의 미군들이 즐겨 찾는데 반해, 삼각지 로터리 부근만은 주로 우리 육군본부 소속 군인들이 즐겨 찾다 보니 자연스럽게 거리며 건물 자체가 다른 곳보다 더 쇠락해진 것이다.

지하철 4호선의 삼각지역에서 내려 1번 출구를 빠져나와 단층짜리 우리은행 건물을 돌면, 바로 1960, 1970년대식의 복고조 뒷골목이 나온다.

낡은 적산가옥 건물에 영빈관이라는 중국집이며 오래된 이발관이 있는 뒷골목의 어디에선가는 금방이라도 '친구'나 '효자동 이발사' 시대의 주인공들이 뛰쳐나와 한판 싸움을 벌일 듯한 분위기인데, 여기가 바로 1970년대 우리의 국민가수 배호가 낮고 흐느끼는 듯 특이한 음색으로 심금을 울린 '돌아가는 삼각지'의 본고향이다.

배호의 특이한 음색이 당장에 겨울바람을 타고 긴 꼬리처럼 귓바퀴에 맴돌 듯한 '돌아가는 삼각지'에만은 용산 일대에 거세게 불고 있는 개발 바람도 아직 다다르지 않은 모양이다.

여기가 또한 주민등록식 지번으로는 용산구 한강로 1가에 속하는 이른바 속칭 '대구탕골목'이다.

군데군데 양곱창·차돌박이 등 서민적인 맛집

한때 육군본부나 국방부에 근무하는 장교들이며 사병들이 한 번쯤은 들르지 않은 이가 없고 그렇게 이곳에 들렀다가 전후방으로 전출해 간 장·사병들 사이에 그 맛을 연연해한 끝에, 삼각지의 대구탕 골목을 모르면 간첩이라는 말이 만들어질 정도로 민간인들보다 군인들 사이에서 먼저 유명해진 골목이기도 하다. 얼핏 둘러보아도〈원대구탕〉,〈자원대구탕〉,〈세창대구탕〉,〈참원조대구탕〉등의 간판들이 골목 안에서 가장 많이 눈에 띈다. 그러나 대구탕 골목이라고 해서 딱히 대구탕만 유명한 것은 아니다. 군데군데 양곱창이

며 차돌박이를 주로 하는 〈평양집〉이며 〈봉산집〉이 있고, 이겹살이며 모소리살 같은 돼지고기 특수부위만을 전문으로 하는 〈삼각정〉이며 〈신가생태매운탕〉 같은 뛰어난 맛집들이 섞여 있다. 어떻게 보면, 고도제한이라는 불리한 지역적 특성이 오히려 서민적인 맛집들을 버려진 들판의 야생화처럼 아름답게 꽃 피워 낸 것인지도 모른다.

〈원대구탕〉(02-717-8222)은 2001년에 작고한 손양원 씨가 1979년에 이 골목에 처음으로 대구탕을 시작한 대구탕 골목의 원조 격이다. 그러나 그이가 처음부터 이 골목에서 대구탕집을 시작한 것은 아니었다. 경북 의성 출신인 그이는 원래 같은 골목에 있는 이발소 주인이었고, 부인인 김명희 씨가 지금의 〈자원대구탕〉 자리에서 보신탕집을 했는데, 워낙에 장사가 안 되니까 대구 요리로 메뉴를 바꾼 것이었다.

그런데 대구탕, 대구지리, 내장탕으로 대구요리 일색인 단순한 메뉴임에도 불구하고 식당은 누구도 예상하지 못한 성공을 거두었다. 그것은 무엇보다도 싼 가격에 비해 양이 많으면서도 맛 또한 뛰어나서 주로 육군본부 소속 군인들 사이에 입소문이 퍼진 때문이었다.

손양원 씨는 이발소마저 때려치우고 부인과 함께 식당일에 매달렸고, 가게는 날로 번성해 갔다. 그러자 원래 중국집을 하던 집주인이 계약기간이 끝나기가 무섭게 가게를 비울 것을 통고해 왔다. 그리고 가게가 비자마자 바로 〈자

〈원대구탕〉이라는 간판을 내걸고 대구탕을 시작했다. 이를테면 간판에 '자' 자는 눈에 보이지 않을 정도로 작게 쓰고 '원' 자를 크게 쓰는 식이었다. 그이가 낙담하고 있을 때, 뜻밖에도 바로 옆 가게가 전세로 나왔다. 그이는 앞뒤

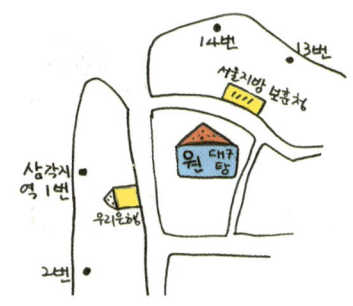

가릴 것 없이 있는 돈 없는 돈을 모조리 모아 전세를 얻어들었다. 그리고 다시 〈원대구탕〉이라는 간판을 내걸 수 있었다.

지금은 아들인 손석호 씨가 〈원대구탕〉을 운영하고 있고, 딸인 손숙연 씨는 금천구 시흥동에서 역시 같은 상호로 대구탕집을 운영하면서 2대에 걸쳐 가업을 이어가고 있다. 양쪽 모두가 대구탕, 대구지리, 내장탕이 6,000원씩인데, 대구탕이며 대구지리는 다 먹은 후 공기밥을 넣어 볶아 먹을 수 있다.

손님의 입맛 · 주머니 사정부터 헤아려

지하철 삼각지역 2번 출구를 나오면 바로 신아트와 원아트라는 그림재료를 파는 가게의 간판이 보인다. 그 사이로 겨우 리어카 한 대 지나다닐 만한 길이 나 있는데, 그 길을 따라 들어가면 〈옛집〉이라는 국수집을 찾을 수 있다. 탁자가 겨우 4개뿐인 서너 평의 좁고 허름한 공간이지만, 들어가 자리를 잡고 앉아 주인할머니 되는 배혜자 씨나 그이의 따님 되는 김진숙 씨와 눈빛을 마주치는 순간 뭔가 예사롭지 않은 느낌에 사로잡히고 만다. 세상에 이렇게 순하고 착

한 눈빛을 지닌 이들이 또 있으랴. 그런 느낌으로 온국수를 시켜 김이 모락모락 오르는 국물과 함께 국수 가락을 입에 넣는 순간 또 한 번 예사롭지 않은 느낌에 사로잡힌다. 세상에 이렇게 맑으면서도 진한 국물 맛이 또 있으랴.

결코 과장이 아니다. 고백하건대 취재를 갔다가 온국수 국물을 훌훌 마시면서, 나는 몇 번이고 까닭 없이 눈시울이 뜨거워지는 것을 경험했다. 말하기 좋게 선의(善意)의 사람들이라고 하지만, 이렇듯 선의의 사람들이 만들어 내는 선의의 음식을 맛본 적이 얼마만인가.

옛집의 두 모녀가 지닌 선의는, 음식을 생각하기 전에 먼저 그 음식을 먹을 손님을 생각하고, 손님을 생각하기 전에 먼저 손님의 주머니 사정을 생각하는 그런 선의이다. 나는 저녁이 늦어 이미 다른 집에서 식사를 한 후였음에도 불구하고, 여전히 몇 번이고 눈시울을 뜨겁게 하면서 온국수 한 그릇에다가 김밥 한 줄까지 꾸역꾸역 다 먹어 냈다. 만일에 조금이라도 남긴다면 자칫 벌이라도 받을 것 같은 그런 마음이었다.

원래 국수집을 하던 가게를 인수받아 배혜자 씨가 1981년에 국수집을 하며 다시 24년이 지났다. 그동안에 단골손님들이 어떻게 하면 그렇듯 맛깔스러운 국물 맛을 낼 수 있는가에 대해, 무슨 비법이라도 있느냐고 물으면, 그이는 한 마디로 대답했다.

"비법은 무슨 비법이 있겠다요? 있다면 손님을 생각하는 정성이제라우."

큰 들통에 멸치와 다시마, 양파 등을 넣고 4시간 동안 은은한 연탄불로 오래 끓여 낸 다음에 굵은 소금으로 간을 하여 국물을 만들어 낸다. 비단 겨울뿐만이 아니라 한 여름에도 연탄불에 끓여 내는 것은 변함이 없다. 언젠가는 이제는 편하게 장사를 하라는 자녀들의 등쌀에 못 이겨 가스 불로 바꾸었지만, 국물 맛이 나지 않아 당장에 다시 연탄불로 바꾸었다. 국물에 넣는 다대기는 해남에 사는 시누이에게 특별히 부탁하여 무공해로 기른 청양고추를 오래 곰삭혀서 재료로 사용한다. 이 집의 주 메뉴인 온국수는 2,000원이고, 비빔국수가 2,500원, 칼국수가 3,000원, 수제비가 3,000원, 김밥이 1,500원, 여름에만 하는 콩국수가 5,000원이다. 손님이 원하면 얼마든지 무료로 사리를 더 준다. 얼마 전에 한 가지 메뉴를 추가했다. 이른 아침에 오는 단골손님들이 아무리 따뜻한 국물과 함께 먹는다지만 김밥을 먹는 것이 가슴 아파서, 2,000원짜리 우거짓국을 팔게 된 것이다. 단 우거짓국은 아침 9시까지만이다. 얼마 전에는 서울 시내에서 4식구의 일가족이 외식을 할 수 있는 식당 3곳을 뽑는데, 〈옛집〉이 당연히 들었다.

걸인도 다독이는 따스함

〈옛집〉의 벽에는 모 방송국 PD가 쓴 글이 걸려 있다. 그 글 중의 일부분을 여기에 소개하고자 한다.

삼각지 근처의 국수집 하나를 촬영했을 때의 일입니다. 멸치 국물로 진하게 우려낸 국수와 속이 알차 보이는 김밥 정도가 메뉴의 전부이지만, 한 끼를 거뜬히 때우기에는 부족함이 없었습니다. 거기에 진짜 우리 할머니 같은 주인의 마음씨가 더해지면, 아무리 양이 많은 이도 그득해진 배와 벌어진 입을 추스르며 가게 문을 나서게 되는 집이었습니다.

방송 다음날 무심코 제 앞의 전화가 울려서 받았습니다. 한 40대 정도의 남자가 간절한 목소리로 거기 갔다 온 PD를 찾아서 당사자임을 밝혔더니 갑자기 귀가 따가워졌습니다.

"감사합니다. 감사합니다. 저는 그 할머니 때문에 인생이 뒤바뀐 사람입니다."

황당한 서두였습니다만, 그의 이야기는 길었습니다. 그는 15년쯤 전, 사기를 당해 전 재산을 털어먹고 설상가상으로 아내마저 그의 곁을 떠나 버리는 최악의 위기를 맞았다고 합니다. 요즘 말로 노숙자가 되어 용산역 앞을 배회하는 서글픈 인생이 된 거죠. 하루는 배가 너무너무 고파서 용산역 앞에 늘어선 식당들 앞에서 밥 한 술을 구걸했지만, 그는 어느 곳도 발을 들여놓지 못했답니다. 박절한 세상인심에 그는 반미치광이가 되어 갔습니다. 용산역 인근 식당을 일일이 다 들어갔으나 모든 곳에서 박대를 받고 나오며 밤에 휘발유를 뿌리고 불을 질러 버리겠다고 독한 마음을 먹었지요.

한 집 한 집 지나쳐가다가 작은 골목에 있는 할머니네 국수집까지 간 것입니다. 할머니는 그의 비루한 몰골을 보고도 환하게 웃으며 선선히 맞아 주었습니다. 허겁지겁 국수를 퍼 넣고 있는데, 할머니가 갑자기 그릇을 뺐었다네요. 그러더니 할머니는 삶은 국수와 국물을 한가득 다시 가져다주더랍니다. 거의 두 그릇 양은 됨직한 국수를 다 털어 넣은 뒤에야 할머니께 무슨 말을 어떻게 할까 하는 걱정이 떠올랐습니다. 할머니가 국수를 삶는 틈을 타서, 그는 자리를 박차고 뛰어나갔습니다. 그때 "그냥 가, 뛰지 말어, 다쳐요!"라는 소리가 들렸습니다. 자신을 속이기만 하던 세상, 자신을 버렸던 사람들이 쳐 둔 얼음장 속에 숨 막혀 가던 자신에게 할머니의 말 한 마디는 그야말로 따스한 불씨 한 조각이었다는 겁니다. 그는 얼마 뒤 몸과 마음을 추스르고 파라과이로 혈혈단신 이민을 떠났습니다.

네 모녀 〈목포산낙지〉

　북한산 산행을 하는 이들이 산을 오르내리기 위해 모이는 장소는 코스에 따라 여러 곳이 있다. 그 중에 한 곳이 지하철 불광역 코스인데, 불광역 코스의 산행 팀들 중에서 언제부터인가 입소문을 통해 유명해진 낙지전문 요릿집이 있다. 그 입소문이란 다름 아닌 '싸고 양이 많은데다가 색다른 맛이 있다.'는 것이다.
　〈목포산낙지〉라는 평이한 옥호인데, 나로서는 이 맛집을 취재하는 동안에 지금까지의 다른 맛집들과는 달리 적잖은 어려움을 겪어야 했다. 불광역 산행 팀의 입소문에 따라 〈목포산낙지〉를 찾았을 때, 우선 그 위치가 뒷골목의 뒷골목에 숨어 있어서 집 찾기부터 쉽지 않았다.
　이제 막 땅거미가 내려앉는 평범한 주택가 골목을 헤맨 끝에 어렵사리 찾아냈는데, 이것 봐라, 주변의 정황으로 보아서는 전혀 장사가 될 것 같지 않은데도 불구하고 집안에는 뜻밖에 손님들이 바글바글 들끓고 있어서 한참을 기다린 끝에야 겨우 자리를 차지할 수가 있었다.

어렵게 자리를 차지하고 드디어 연포탕이며 철판낙지볶음 같은 〈목포산낙지〉의 몇몇 요리를 대할 수 있었는데, 나로서는 산행 팀에게 들은 입소문 중에서 싸고 양이 많다는 점은 얼른 수긍이 된 데 반해 다른 집하고는 달리 색다른 맛이 있다는 점은 별로 수긍이 되지 않았다. 나중에 산행 팀의 한 사람에게 이 점을 지적하자 그 이는 대뜸 잘라 말했다.

"한두 번 먹어가지고는 〈목포산낙지〉의 색다른 맛을 알 수가 없지."

그이의 말에 나는 은근히 배알이 뒤틀리는 기분이었는데, 게다가 덧붙이는 말이 불광역 〈목포산낙지〉는 원조가 아니고 정작 〈목포산낙지〉 원조는 다른 곳에 있다는 것이었다.

그이가 가르쳐 준 원조는 지하철 홍제역 부근에 있었는데, 이것 봐라, 이 원조 역시 어쩌면 그렇게도 불광역과 판박이로 똑 같으랴. 뒷골목의 뒷골목 주택가에 숨어있는 것하며 바글바글 끓는 손님들하며…….

알고 보니 이 판박이 〈목포산낙지〉는 불광동과 홍제동 말고도 사직동과 마포 서부지청 뒷골목에도 있었다. 그리고 그 주인들은 홍제동(02-391-7992)의 어머니 오순옥 여사를 위시해서 사직동 배화여대 입구(02-739-5108)의 큰딸 유영숙, 불

1부. 사람 향기 가득한 뒷골목 맛세상 **121**

광동(02-388-3551)의 둘째 딸 유경숙, 마포 서부지청 옆 골목(02-713-7604)의 셋째 딸 유정숙으로 일가를 이루고 있기도 했다.

내가 일가 중에 먼저 취재를 하고 싶다고 운을 뗀 것은 불광동의 둘째 딸 유경숙이었다. 우선 내가 처음 간 집인데다가 주인 되는 이가 붙임성이 있어 보이고 그만큼 성격도 화끈하겠다 싶어서 먼저 운을 뗀 것인데, 보기 좋게 한마디로 거절당하고 말았다. 그이는 빤히 나를 보며 묻는 것이었다.

"거추장스럽게 왜 신문에 나고 그래요?"

아니, 신문에 나는 것이 거추장스럽다니! 이 정도 되자 나도 드러내 놓고 배알이 뒤틀리는 기분이어서 오기로 달려들어 북한산 산행 팀들까지 동원한 끝에 삼고초려식으로 어렵사리 취재 승낙을 받아 냈다.

홍제동의 오순옥 여사가 일가의 중심이 되어 오늘의 〈목포산낙지〉 시대를 열게 된 것은 정말로 한 순간의 우연 때문이었다. 갓 결혼한 열아홉 살 새댁의 몸으로 남편 유점만을 따라 고향인 고흥을 떠나 서울로 올라온 것은 일찍이 1960년대 초반이었다.

달랑 몸뚱어리 하나만을 밑천으로 삼고 시작한 젊은 부부의 서울살이는 애초부터 고달플 수밖에 없었을 터이다. 충무로 길거리에 난전을 펴고 앉아 막무가내로 장사를 하기 시작하여 의정부를 헤매며 고물장사를 하다가 이번에는 홍은동으로 흘러들어 인왕시장에서 야채장사를 하게 되었는데, 20년 가까운 서울살이 끝에 1남 3녀의 자녀들과 함께 수중에 1천만 원을 거둘 수가 있었다. 어느 덧 중년에 이른 부부는 홍제동에 보증금 1천만 원짜리 전세에 10평 남짓한 가게를 마련하여 미처 옥호도 내걸지 못한 감자탕집을 열었다.

아마도 이들 일가에게는 감자탕집을 전후한 시기가 가장 어려웠던 모양이었다. 모처럼 어머니와 세 딸이 함께 모여 이러저런 지난 시절 이야기를 나누던 끝에, 둘째 딸이 어머니의 말에 우스갯소리로 한 마디 덧붙였다.

"하여튼 우리 집은 제대로 시집간 딸이 하나도 없응게."

그러자 어머니가 나에게 세 딸들을 손짓해 보이며 큰소리를 내었다.

"이년들 통통한 몸땡이 잠 보시요. 시방 이렇게 잘 묵고 잘 사는 년들이 어디 있겠소? 다 에미 잘 만난 덕이제."

어머니의 말에 세 딸들이 이구동성으로 '그건 그래' 하며 키들거렸다.

감자탕집을 시작한 지 4년이 되던 어느 해 가을에 유점만 씨가 시제를 지내러 고향에 갔다가 산낙지를 가져왔다. 식구들이 먹어치우기에는 많은 양이어서 우연찮게 손님들에게 내놓았더니, 반응이 놀라웠다.

당시만 해도 오순옥 여사는 낙지요리에는 전혀 무지하여 고향에서 하던 대로 그저 끓는 물에 데쳐 내는 식이었는데, 살아있는 낙지여서일까, 한 번 먹어본 손님들은 감자탕보다는 자꾸 낙지만을 찾는 것이었다. 할 수 없이 남편이 다시 한 번 고흥에 가서 산낙지를 사올 수밖에 없었다. 그리고 이번에도 반응이 놀라웠다.

마침내 부부는 감자탕집을 때려치우고 그 자리에 낙지집을 차렸다. 〈목포산낙지〉라는 옥호도 이때 붙인 것인데, 우선 탁자 3개를 놓고 시작하여 손님이 넘쳐나면 모자라는 자리는 가까운 주차장 한편에 천막을 쳐서 때웠다. 그리고 한 번은 남편이 한 번은 아내가, 이렇게 날마다 교대로 고흥을 오르내렸다. 서울역에서 자정 무렵에 출발하는 밤차를 타고 이른 새벽에 순천에 내려 버스로

바꿔 타고 고흥에 도착하면 이제 막 장이 열린다. 부랴부랴 산낙지를 사서 고속버스를 타면 오후 4시에 남부터미널에 도착하고 거기서 택시를 타면 간신히 저녁 시간에 가게에 닿을 수 있었다.

언젠가 고흥장의 산낙지가 물량이 달려 안타까워하자 상인 중의 한 사람이 녹동에 가 보라고 일러 주었다. 그리하여 부부는 녹동 수협 공판장에서 중개인을 만나 직접 산낙지를 구할 수가 있었다. 녹동 수협과 거래하면서부터는 활어 운송차가 날마다 서울을 오르내려서 부부가 직접 녹동까지 다니지 않고도 손쉽게 산낙지를 공급받게 되었다.

이 무렵에는 오순옥 여사 또한 다양한 낙지요리에 눈을 떠 낙지데침 말고도 연포탕이며 낙지무침, 낙지전골 등의 메뉴를 내놓을 수 있게 되었는데, 이런 메뉴는 누구에게 전문적으로 배운 것이 아니라 순전히 손님들의 요구에 따르다 보니 저절로 익혀진 것이었다. 이를테면 주인뿐만이 아니라 주인과 손님이 함께 만들어 낸 합작품인 셈이다. 어쩌면 바로 그런 합작품의 솜씨 속에 산행 팀의 한 사람이 나에게 스무고개 비슷하게 밝힌 '한두 번 먹어 봐서는 알 수 없는 목포산낙지 색다른 맛'의 비밀이 있는지도 모른다.

〈목포산낙지〉를 찾는 손님들이 하고 많은 낙지요리 전문집들 중에서도 정도 이상으로 이 집만을 고집하는 것에 대해 무슨 비법이라도 있느냐고 오순옥 여사에게 묻자, 뜻밖에도 아주 단순한 대답이 돌아왔다.

"비법은 무슨 베라묵을 비법. 워낙 생물이라 낙지 자체가 좋은 것뿐이제."

저마다 〈목포산낙지〉를 차린 세 사위들 중에서 둘째 사위가 언젠가 조심스럽게, '장모님, 혹시 어디서 낙지요리법을 전수받았습니까.' 하고 물어 왔을 때도 대답은 비슷했다.

"전수는 무슨 베라묵을 전수. 손님이 원하는 대로 거시기하게 맹글다 봉께 거시기하게 된 거지. 요리법이고 뭐이고 따지자먼 나 같은 엉터리는 천하에 없을 거이여."

세 딸들 중에서 가장 먼저 어머니에게서 낙지요리 솜씨를 전수받은 것은 둘째 딸이다. 당시에 양재동의 유명한 한식당에서 서빙을 하던 둘째 딸 유경숙은 거기에서 어쩐지 배우 한석규를 닮아 지성적으로 보이는 남편 정종석을 만나 결혼한다. 그리고 결혼하자마자 남편이 교통사고를 내는 바람에 그동안 벌어 놓았던 돈도 다 까먹고 할 수 없이 어머니 그늘에 들어온다.

이미 남편과 함께 유명한 한식당에서 식당일의 이모저모를 익힌 유경숙은 어머니 그늘에 든 지 1년 후에 홍제동에서 멀지 않은 대조동에 당시까지 비어 있던 창고 중에서 13평을 세 얻어 〈목포산낙지〉라는 옥호를 내걸었다. 이 대조동 〈목포산낙지〉 또한 상상 외의 성공을 하여 단숨에 창고 전체를 사용하는 40여 평 규모로 터를 넓힐 수 있었는데, 젊은 부부의 의외의 성공에 놀란 집주인이 부부를 내쫓고 대신 낙지집을 차리는 바람에 부부는 지금의

불광동으로 자리를 옮겨 바야흐로 불광동 시대를 맞게 되었다.

유경숙은 유경숙대로 솜씨며 경영에 있어서 홍제동의 어머니 못잖은 비법이 있는 듯하다. 그녀는 그 비법에 대해 '손님에게 두 개를 줘야 손님이 하나를 준다'는 아리송한 대꾸로 얼버무렸다. 내가 미진해하자 그녀가 덧붙였다.

"낙지가 비쌀 때는 오늘은 낙지를 많이 못준다고 솔직하게 밝히고, 대신에 낙지가 쌀 때는 손님들이 놀랄 만큼 많이 줘요. 그리고 그걸 손님들이 믿어 줘요."

〈목포산낙지〉가 번창하기는 홍제동이나 불광동뿐만이 아니라 사직동과 마포도 마찬가지인 듯하다. 첫째 딸 유영숙이 사직동에 〈목포산낙지〉를 낸 것은 1999년이고, 셋째 딸 유정숙이 뒤늦게 마포 서부지원 옆 골목에 〈목포산낙지〉를 낸 것은 2001년이다. 이들 세 딸들 또한 어머니처럼 녹동에서 '워낙 생물이라서 물이 좋은' 산낙지를 가져다 쓰는 것은 물론이다. 그렇듯이 저녁이 되면 손님들로 식당이 다 차서 밖에서 줄을 서서 기다리는 풍경도 사직동이며 마포 또한 예외는 아니다.

서울서 세발낙지를?

〈목포산낙지〉의 메뉴는 세발낙지를 젓가락에 감아서 통째로 먹는 통낙지(2만 원)와 송송 썰어서 참기름을 묻혀먹는 산낙지(2만 원)가 있다.

그리고 낙지에 콩나물과 파와 양파를 넣어서 철판에 볶는 산낙지철판볶음이 있는데, 크기에 따라 대·중·소로 각각 4만 원, 3만 원, 2만 원짜리로 나누며 4만 원짜리는 네 사람이, 3만 원짜리는 세 사람이, 2만 원짜리는 두 사람

이 먹을 양으로 적당하다. 산낙지전골이
나 산낙지볶음, 산낙지무침, 산낙지연
포탕도 역시 크기에 따라 대·중·소로
나누어지며 값도 마찬가지다.

　만일 〈목포산낙지〉에 처음 들르는 이
라면 나는 우선 산낙지연포탕을 권하고
싶다. 연포탕에는 살짝 데쳐 썰어 내는
낙지 말고도 조개가 적잖게 들어있는 데
다가 미나리며 부추, 미역을 원하는 대로
추가하여 먹을 수 있는데, 그것들을 다
건져 먹고 나면 그 국물에 취향에 따라

이제 막 삶아 낸 소면이나 중면을 말아 먹기도 하고, 밥을 넣고 끓이다가 계란
을 풀어 죽으로 먹기도 한다.
　산낙지철판볶음이나 산낙지전골, 산낙지무침, 산낙지볶음 같은 안주 메뉴
도 다 먹고 난 후에는 다시 거기에 밥을 넣고 볶아 먹을 수 있는데, 이런 식으
로 하면 한 가지 요리만으로도 충분히 양을 채울 수 있다.
　이밖에도 점심식사 메뉴로는 6,000원짜리 산낙지회덮밥, 5,000원짜리 산
낙지볶음덮밥, 7,000원짜리 뚝배기세발낙지연포탕 등이 있는데, 비단 점심
때 뿐만이 아니라 저녁에도 주문이 가능하다.

2부

이국 향기 가득한 뒷골목 맛세상

가리봉 조선족 골목

풍미(風味)라는 말이 있다. 이 아름다운 말은 음식뿐만이 아니라 사람에게도 함께 쓰인다. 이희승 편 국어대사전에서는 '1. 음식의 고상한 맛 2. 사람의 됨됨이가 멋스럽고 아름다움'으로 풀어내고 있다.

가리봉 시장의 조선족 골목 일대를 기웃거리고 다니면서, 혹은 골목 안에 있는 〈용성식당龍成食堂〉이나 〈연길양육관延吉羊肉串〉, 〈금단반점今丹飯店〉, 〈삼팔교자관三八餃子館〉의 식탁에 앉아서, 풍미라는 말을 몇 번이고 입 안에서 되뇌었다. 나에게는 고국 아닌 고국에 돌아와 가리봉동 시장의 한 귀퉁이에 자신들만

의 골목을 이루고, 하루가 끝나는 저녁이면 이 골목에 돌아와 자신들 특유의 음식을 찾는 조선족들이 음식과 사람을 포함하여 두루 풍미로웠다.

고국서 절망적으로 무너져버린 자존심

조선족이 누구인가. 조선 후기부터 시작하여 일제에 이르기까지 봉건지배와 식민지배의 수탈에 못 견딘 나머지 남부여대로 한반도를 떠나 유랑의 길에 올라야 했던 바로 우리의 핏줄이 아니던가. 그렇게 러시아로 흘러든 우리 핏줄은 고려인이 되고, 만주 벌판을 헤매던 우리 핏줄은 조선족이 되지 않았으랴.

조선족은 엄연히 국가와 민족을 구별한다. 그리고 자신들이 조선족임을 단 한 번도 부끄럽게 여겨 본 적은 없다. 비록 중국이라는 거대한 다민족 국가에 소수민족으로 편입되었지만, 자신들만의 문화와 정체성을 굳게 지키며 살아왔다. 그런 조선족으로서의 자존심이 다른 곳도 아닌 고국에서 절망적으로 무너져버린 셈이다.

고국 아닌 고국에 돌아온 조선족들은 이미 20만 명이 넘는다. 그리고 그들 태반이 불법체류자로 몰려 범죄자 아닌 범죄자가 되어 있다. 불과 얼마 전만 해도 고려인과 조선족은 해외 동포로 인정하지 않는 정부의 정책 때문에 고국 방문이 어렵게 돼 결국 고국에 오기 위해서는 3개월의 관광 비자를 받는 데만 1천만 원이 넘는 불법적인 돈을 내는 것은 물론 끝내 범죄자가 되고 말았다.

중국인이 우리나라를 방문하는 데 필요한 공식적인 비용은 10여만 원에 불과하지만, 조선족이 '코리안 드림'이라는 꿈을 좇아 고국에 오는 비용은 상상을 초월한다. 조선족에게 1천만 원이란 중국에 있는 가산을 팔거나 아니면 고국에서의 미래를 담보로 해 고율의 이자가 붙은 빚을 내야 가능한 돈인 것이다. 도대체 무슨 수로 3개월 만에 그런 돈을 벌고 게다가 '코리안 드림'이라는 필생의 꿈까지 이룬단 말인가.

코리안 드림 좇다 태반이 불법체류

조선족이 가리봉 시장에 그들만의 골목을 만든 것은 다름 아닌, 바로 옆에 있는 '구로동 벌집' 때문이다. 1960~1970년대 경제성장을 주도해 온 값싼 노동력 위주의 구로공단 전성기에, 이 땅의 곳곳에서 몰려든 어린 노동자들을 노려 한 평 남짓하게 마구잡이로 지었던 많은 방들이 바로 '구로동 벌집'이었다. 그리고 우리 경제에서 값싼 노동력 위주의 구로동 시대가 끝나고 벌집들마저 버려지게 되자, 기다렸다는 듯이 이번에는 조선족들이 벌집을 채운 것이었다.

만일 그대가 이 글을 읽고 한 번쯤 호기심을 일으켜 가리봉 시장 조선족 골목을 갈 예정이라면, 나는 그대에게 이제 막 저녁 어스름이 지는 시간을 권하고 싶다. 저녁노을을 등지고 지하철 7호선 남구로역 3번 출구 옆에 서 있으면, 그대는 퇴근시간이 되기 무섭게 출구를 빠져나오는 많은 인파를 만날 수 있을 것이다. 그 인파의 대부분이 조선족이라 해도 틀림없다. 그대는 망설이지 말고 그 인파의 뒤를 따라가라.

조선족은 얼핏 보기에 그대와 똑같은 얼굴에 똑같은 옷차림이어서 전혀 그대와 분간이 안 될지도 모른다. 그러나 결례를 무릅쓰고 그들 표정을 조금만 자세히 살핀다면 그대는 쉽게 조선족의 특징을 발견할 수 있을지도 모른다. 약간 주눅이 든 듯 분명치 않은 표정에, 보고 듣고 느끼는 감정을 다른 사람에게 들키지 않으려고 나름대로 안으로 갈무리한 눈길과 그럼에도 불구하고 어떤 긴장 속에 얼핏얼핏 순수함이 내비치는 얼굴.

그런 얼굴들을 쫓아 몇 걸음 걷지 않으면 그대는 붉고, 혹은 노란 한자 위주의 이국적 간판들을 만나게 된다. 그렇게 가리봉 시장 초입 삼거리에 다다르면 그대는 삼삼오오 몰려든 비슷비슷한 얼굴들이 서로 손을 잡거나 어깨를 껴안는 풍경을 만나게 될 터이다.

언제 주눅이 들어 안으로만 감정을 갈무리했냐 싶게 드러내 놓고 기뻐하며 어떠한 긴장감도 없이 애오라지 들뜬 표정을 지켜보고 있노라면 그대는 문득 하나의 단어가 뇌리에 스쳐 지날지도 모른다.

주눅 든 듯한 표정에 얼핏얼핏 순수함

해방구. 그렇다. 조선족이란 우리 핏줄에게 가리봉 시장 골목은 단순한 골목이 아니라 일종의 해방구다. 얼핏 3개월의 체류 기간을 넘기고 당연히 불법체류라는 범죄자가 되어 이리저리 떠돌아다니는 동안에, 처음 겪는 자본주의 시장경제라는 틀의 맨 밑바닥에서 흡사 몸에 맞지 않은 옷처럼 이질적인 문화와 가치관을 받아들이기 위해 안간힘을 쓰던 그들에게, 이곳이야말로 이질적인 옷 따위는 훌쩍 벗어던지고 참다운 제 모습으로 돌아갈 수 있는 해방구나 다름없는 것이다.

만일 그대가 좀 더 용기를 내어 그들을 따라 골목에 즐비한 음식점들의 한 곳에까지 따라 들어간다면 그대는 자신도 모르는 사이에 맛과 사람이 함께 어울려 만드는 어떤 풍미에 빠져들게 될 것이다. 나는 그대가 많은 조선족 음식점들 중에서도 '양러우촨'(羊肉串)이라는 일종의 양꼬치구이 식당으로 따라가는 행운이 있기를 빈다.

〈연길양육관〉(02-838-0014)은 이름 그대로 양러우촨을 전문으로 하는 식당이다. 조선족들은 양꿰 혹은 양고기꿰이라고 하는데, 늦더위가 기승을 부리는 좁은 식당에서 이글이글 타오르는 숯탄에 양꿰을 구우면서 땀을 뻘뻘 흘리는 이들을 보면 흡사 무슨 종교적 의식이라도 대하듯 숙연하기까지 하다. 그만큼 양꿰이야말로 조선족 음식의 어떤 정체성을 대표한다.

양꿰에서는 양고기 특유의 지독한 노린내를 거의 맡을 수 없다. 그것은 무엇보다도 양꿰에 곁들여 나오는 고춧가루와 참깨, 즈란이라고 부르는 향신료 때문이다. 게다가 양꿰에 껍질을 까지 않은 통마늘을 함께 구워 고기와 함께 먹다 보면 노린내 따위는 전혀 문제가 되지 않는다. 고춧가루와 참깨, 그리고 마늘이야말로 우리 핏줄인 조선족의 정체성이 아니냐.

혹시 중국이나 아니면 중앙아시아 지역을 여행하면서 길거리나 식당에서 양러우촨을 대하고 불쑥 일어난 호기심에서 한 번쯤 맛을 본 이들도 없지 않을 것이다. 그리고 그런 이들 중에 자칫 비위가 약

한 사람이라면 지독한 노린내를 참지 못하여 그만 헛구역질마저 일으킨 경험도 없지 않을 터이다. 그 지독한 노린내를 조선족은 다름 아닌 고춧가루와 참깨, 마늘로 해결하고 거뜬히 조선족 특유의 음식으로 만든 것이리라.

정체성 잃지 않고 고유의 맛 유지

연길양육관에 비해 〈용성식당〉은 조선족 골목 안에서는 가장 많은 일품요리를 내는 식당이다. 일품요리라고 해서 가격 따위에 겁먹을 필요는 없다. 어떤 요리건 대부분이 1만 원 안팎이기 때문이다. 그 중에서도 조선족이 즐겨찾는 것은 우리의 탕수육 비슷한 '궈바우러우'와 닭고기 요리인 '라지지딩', 돼지고기를 가늘게 채 썰어 볶아 내어 종이장처럼 얇은 건두부에 싸 먹는 '징장러우스', 그리고 도미를 통째로 굽고 튀겨서 만든 '뤄뷔'라는 훌륭한 요리가 있다.

그러나 조선족 골목에 있는 식당 메뉴 중에서 가장 흔하게 눈에 띄는 것은 '고러우훠궈'(狗肉火鍋)라는 일종의 개고기 샤브샤브이다. 원래 옌볜에서는 개탕을 즐겨먹는데 이 개탕을 또다시 우리의 샤브샤브 문화에 변형시킨 격이다.

그러고 보면 조선족들은 가는 곳마다 그 곳의 음식에 맛을 들이면서도 결코 자신의 정체성을 잃지 않고 나름대로 풍미를 만들어 내는 셈이다. 이왕에 여기까지 왔으면 그대는 과감히 고러우훠궈까지 주문하기 바란다.

맛의 끝은 어디에 있는 것일까. 애오라지 무리하게 맛만을 좇다 보면 맛 자체는 물론 사람마저도 황폐해지고 말지도 모른다. 만일 맛의 끝에서 음식의 맛만이 아닌 사람의 맛까지 함께 거둘 수 있다면, 그런 맛이야 말로 풍미에 다름없을 터이다.

누군가의 짧은 글에서 읽은 적이 있다. '세상에서 가장 맛있는 빵은 눈물에 젖은 빵이다.' 누군가는 바로 음식의 맛에서 사람의 맛까지 함께 풍미를 맛본 이가 틀림없으리라. 그렇게 맛의 끝까지 가 본 이가 틀림없으리라. 그런 이라면 어떤 거친 음식인들 맛없는 음식이 있을 수 있으랴.

연변의 개탕, 집들이 등 경사 때 즐기는 손님 접대용

우리의 보신탕과는 다르게 옌벤의 개탕은 마늘이며 생강 파 같은 양념류나 야채 따위를 일절 넣지 않고 고기만을 맑게 끓여낸 뒤 개즙이라는 양념장에 찍어 먹는다.

개즙은 개고기의 내장 따위를 갈아서 거기에 고수라는 향신채를 곁들여 조선족 특유의 양념장을 만들어 낸 것이다. 이를테면 고기의 맑고 순수한 맛을 지켜 내면서 중국에 와서 익힌 향신료 문화를 가미하여 개탕을 즐기는 셈이다.

개탕의 맛은 바로 개즙에서 나오는 것인데, 이 개즙의 맛은 집집마다 서로 달라서 개즙의 맛을 비교하여 어느 집 개탕 솜씨가 더 뛰어난가를 가름하는 식이다.

대부분 옌볜의 조선족들은 새로 집을 사서 집들이를 하거나 아니면 특히 경사로운 일이 있을 때면 반드시 개 한 마리를 잡아 개탕을 마련하여 손님을 접대한다.

그리고 남녀노소 없이 가까운 이웃이며 친척들이 모여 누구나 기꺼이 개탕을 즐긴다. 그렇듯이 개탕을 못 먹으면 자랑스러운 조선족이 아닌 셈이다.

관철동 퓨전 요리

이제 막 네온사인들이 불을 밝히는 황혼 무렵에 관철동에 들어선 이라면, 그리고 옛날의 관철동을 기억하고 있는 40대나 50대의 중년이라면, 대부분이 먹고 마시고 즐기는 내용으로 점철되어 있는 현란한 일루미네이션에 문득 아연한 느낌이 될지도 모른다. 그리하여 '여기가 정말로 관철동이 맞아?' 하고, 무언가 낯선 거리에라도 온 듯한 생경감에 몇 번이고 주변을 돌아보게 될지도 모른다.

종각으로부터 시작하여 종로서적을 지나고 삼일빌딩 가각을 돌아 다시 종각에 이르는 사각형 블록의 관철동은 10여

분이면 다 돌아볼 수 있는, 그다지 넓지 않은 공간이다. 이 공간이 언제부터인가 애오라지 젊은이들만이 넘쳐나는 젊은이들만을 위한 놀이공간이 되어, 예의 현란한 일루미네이션마저도 어쩌다 잘못 들어선 사오십 대에게는 아예 접근조차 거부하는 출입금지 경고등으로 여겨질지 모른다.

'문학동네 술동네'에서 퓨전 음식의 전시장으로

도대체 언제부터 관철동은 그렇듯 '젊은이들만의 세상'이 된 것일까. 일찍이 40대의 나이에 요절한 작가 강홍규의 '관철동시대'가 그려 보이는 1960~1970년대의 관철동은 그야말로 '문학동네 술동네'였다. 《귀천》의 천의무봉한 천상병 시인, 장면 박사에게 맞서 국회의원 후보자가 되기도 했던 한국판 돈키호테 김관식 시인, 시인보다는 은둔한 명의로 알려졌던 신동문, 번역가이자 철저한 무소유의 철인으로 평생을 향기롭게 산 민병산, 시인 신경림, 평론가 구중서, 《분례기》로 한 시대에 필명을 드높인 작가 방영웅, 《만다라》로 문단에 얼굴을 내민 작가 김성동까지 포함해서, 한국 기원을 중심으로 하루가 멀다 하고 뻔질나게 드나들던 관철동은 오직 어른들만의, 어른들만을 위한 놀이공간이었다.

그런 관철동이 1980년대에 이르면 작가 강석경의 《숲속의 방》 배경으로 등장하면서, 젊은이들의 거리로 변한다. 작가는 지문에서 말한다.

"하긴 노래 부를 곳이 없어서 이곳에 오는 것은 아니겠지. 젊음은 젊음끼리 모여 숲을 이루는 것이다. 숲속에서 위안을 받고 혼란도 확인한다."

그렇다. 어느 시대이거나 젊은이들은 그 사회에서 새로운 생활양식을 만들어 내고 사회를 변화시키는 원동력으로 작용한다. 그리하여 젊은이들은 기존의 질서를 거부한 채 전위적이고 반항적인 자신들만의 문화공간을 창조하려 한다.

《숲속의 방》의 주인공 소양 또한 어쩔 수 없이 전위적이고 반항적이다. 대학생 소양은 1980년대 우리 사회를 휩쓴 두 개의 이데올로기, 관제(官製) 보수주의와 그에 맞선 도식적이고 교조적인 민중주의, 그 어느 곳에도 끼지 못한다. 또한 '벼락부자 할머니를 우습게 여기고 부모에게 반항하며 부르주아적 이데올로기를 거부' 하고, 관철동에서 나름대로 문화공간을 창조하기 위해 호스티스도 되어 보지만, 그녀의 무기는 자칫 스스로를 상처 내기 쉬운 순수한 감수성 하나뿐이다.

"……성을 도구로 여자가 물질화, 비인격화된다는 건 너무 끔찍하다. 비루하게 생긴 한 녀석이 팁을 준답시고 가슴에 손을 넣어서 그 자리에서 빼내 찢어 버렸다. 부잣집 딸의 객기는 결코 아니었지만 나는 방종하기 위해 호스티스가 되려 한 것도 아니다. 쇠사슬같이 무거운 청춘을 탕진하기 위해, 그냥 바닥으로 내려갈 대로 내려가 보라고. 무엇보다도 나는 내 속의 헛된 계급, 부르주아적 속성을 부수고 싶었을 뿐."

관철동이라는 젊은이들만의 숲 속에서 새로운 문화공간을 창조하려 하던 소양은 끝내 한 편의 시를 남기고 자살로 짧은 청춘을 탕진하고 만다.

여기는 꿈이 아니야
날개는 없고 몸뚱이만 있는 더러운 땅이야

새가 아니고 나비가 아니고 땅을 전신으로 문지르고 다니는 뱀이야 날개는 환
각이야

깨어지면 아프고 괴롭고 추한 몸뚱이야

오늘은 본질적으로 가장 절망한 날이었어

모든 게 나랑은 관계없는 저들의 생명체였어

소양의 시체를 앞에 두고, 그녀의 언니는 탄식한다.
"바보같이 세상 밖에서 자신을 찾으려 하다니, 네가 적당히 타협만 한다면 땅에 온몸을 문지르고 다니며 피 흘리지 않아도 좋을 텐데, 청춘은 쇠사슬이 아니라 날개일 텐데."

1980년대의 소양이 오늘 다시 살아와서 나와 함께 관철동의 거리에 선다면 이번에는 무슨 시를 쓸까. 올리브, 포모도르, 포호아, 송스피자, 겐조라멘, 쇼부, 고메이, 테리야키, 사누키보래, 스시켈리포니아, 도니도니, 고추와 마늘, 삼김, 옥돌대나무통삼겹, 떡삼돌김치삼겹살, 와인돌김치삼겹살, 황토불가마통삼겹……. 소양의 눈에 얼핏 스쳐가는 음식점 간판들의 일루미네이션 중에서 과연 몇 가지에나 자신이 죽음으로써 이루고자 했던 문화공간의 정체성을 느낄까.

오늘의 관철동은 온통 퓨전음식의 전시장 같은 느낌이다.

이른바 동서양을 넘나드는 음식의 백가쟁명이다. 간판 이름들 또한 자칫 머리를 어지럽게 하지만, 메뉴에 이르면 그 기발하고 자유로운 착상과 통통 튀는 아이디어에 차라리 경탄하는 마음마저 든다.

〈고추와 마늘〉의 메뉴에는 오니기리, 쓰꾸네, 페타이볶음면, 아스파라가스말이가 있고, 〈사누키보래〉에는 카레우동, 해물야키우동, 치킨샐러드우동, 북어해장우동, 얼큰해물우동이 있다. 〈스시캘리포니아〉에는 치즈드래곤롤, 알랙산더롤 채리블러섬롤, 스파이더롤, 바이킹롤, 프렌치키스롤, 라이언롤이, 〈쇼부〉라는 일본식 선술집에는 각종 초밥 이외에도 해물계란탕, 누룽지탕, 삼겹살고추장구이, 꽁치김치찌개, 해물떡볶이, 새우칠리탕수육 등이 있다. 이외에도 무교동 낙지골목에서 비교적 고전적인 낙지요리법을 지킨다고 알려졌던 〈무교동낙지〉마저도 프랜차이즈화되어 관철동에 들어와서는 낙지육개장, 양푼낙지비빔밥, 해초수제비, 해초칼국수, 낙지순두부찌개, 영양갈낙탕 등 퓨전 요리를 내놓고 있다.

관철동은 거의 대부분의 음식점들이 건대나 홍대, 신촌, 압구정이나 혹은 강남역 부근에 흔한 프랜차이즈의 지점들이다. 〈삼김〉 종각점, 〈홍초불닭〉 종로점, 〈쇼부〉 종각점, 〈봉추찜닭〉 종로점……, 이를테면 음식점마저도 모두 규격화되어 또 하나의 새로운 '관제'가 된 식이다.

연탄불에 타오르던 정감 그리워

관철동에서 보신각 바로 뒤편에 있는 〈관철동44번가〉라는 유기농 돼지요리 전문집을 발견한 것은 차라리 행운에 가까웠다. 우선 〈관철동44번가〉는 지점 따위를 거느린 본점도 아니거니와 그렇다고 어느 본점의 지점도 아닌 개인 업소였는데, 메뉴 중에서 먼저 매료된 것은 5,000원짜리 새싹비빔밥이었다.

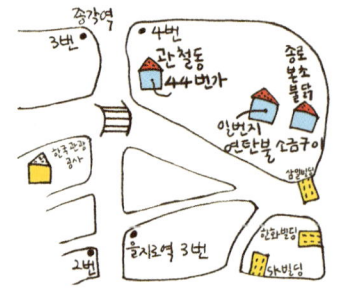

새싹비빔밥은 순무, 브로콜리, 유채, 설채, 적채, 알팔파 등 여덟 가지 씨앗들을 1~2센티미터로 싹을 틔워 그 새싹에다가 사과며 파인애플 소스며 고추장에 비벼 먹는 식이다. 새싹비빔밥의 새싹들은 어쩐지 덜컥 한 입에 입안에 넣기가 꺼려질 정도로 너무 앙증스럽지만, 정작 한 입 넣으면 이내 입안에서 감도는 새싹들의 부드러움에 취하고 만다.

〈관철동44번가〉는 주 메뉴가 새싹비빔밥이 아니라 유기농돼지 요리다. 사료에 뽕잎을 섞어서 키운 돼지고기에 크로렐라와 녹차의 가루를 버무려 숙성시켜, 유기농웰빙말이삼겹살, 유기농열겹살, 웰빙소스삼겹살, 매콤소스삼겹살 등으로 메뉴화하고 있다.

1인분에 7,000원인데, 상추, 깻잎, 브로콜리, 치커리 등의 야채를 사과와 파인애플, 오렌지 소스에 버무린 야채샐러드에 곁들여 먹거나 무를 둥근 모양 그대로 얇게 썰어서 식초에 절인 무절임으로 고기를 싸먹기도 하고, 묵은 김치에 싸먹기도 한다.

점심 메뉴로는 5,000원 짜리 솥밥이 있는데, 이 또한 그냥 지나칠 수 없는 매력이 있다. 흑미와 완두콩을 청평에서 생산한 쌀에 섞어 무쇠솥에 그대로 밥을 내는 식인데, 이 솥밥에다가 손님의 취향대로 된장찌개, 오삼불고기, 제육볶음, 낙지볶음, 김치찌개 등을 골라 먹을 수가 있다.

이를테면 손님이 네 명이라면 저마다 다른 메뉴를 골라 네 가지를 골고루 맛볼 수가 있는 셈이다. 이 솥밥은 미리 예약만 한다면, 버섯이며 무, 콩나물, 굴 등을 넣어 버섯솥밥, 무솥밥, 콩나물솥밥, 굴솥밥 식으로 먹을 수가 있는데 값은 같다.

종로코아 뒤편의 좁은 골목길에서 〈일번지연탄불소금구이〉를 발견했을 때 나로서는 거의 감격할 뻔했다. 아니, 아직도 연탄불이 남아 있다니! 게다가 돼지껍질까지 있다니! 나는 어쩔 수 없이 한두 세월을 뒤로 훌쩍 건너 뛴 기분이 되어, 둥근 알루미늄 탁자 가운데에서 새파란 불꽃을 널름거리며 피어오르는 연탄불을 바라보았다.

그러자 문득 1970년대의 옛날로 돌아가 천상병, 김관식, 민병산, 신동문, 강홍규 등의 어른들 맨 꽁무니에 나 또한 작가 김성동과 함께 껴 앉아서 그이들에게서 술잔을 건네받고 황송해 하는 모습이 연탄 불꽃에 어른거리고 있었다.

그러나 다시 한 번 돌아보면, 그이들은 모두 세상을 달리하여 먼 곳으로 떠난 옛사람들이 아니랴.

입안 얼얼…… 눈물 줄줄

관철동에만 해도 불닭이라는 이름의 닭요리 체인점들은 무려 10여 군데가 넘는다. 〈홍초불닭〉, 〈황초불닭〉, 〈종로본초불닭〉, 〈신화불닭〉, 〈신화로불닭〉, 〈청양초화다닥〉……. 이 밖에도 〈봉추찜닭〉, 〈황추찜닭〉도 있다. 이쯤 되면 가히 불닭 시대가 시작된 셈이다. 불닭이니, 홍초, 신화(辛火), 화다닥 하는 명칭에서도 얼핏 느낄 수 있듯이 이 닭요리들은 모두 매운 맛과 관계가 있다. 이 요리들의 특징은 맵다 못해 견디기 힘들 정도로 매우 맵다는 점이다. 입 안에 넣자마자 대뜸 무슨 바늘처럼 혓바닥을 콕콕 쏘아 대는 매운 맛은 아무리 매운 맛을 즐기는 이라 할지라도 자칫 눈물까지 줄줄 흘리지 않으면 안 될 정도다.

많은 불닭들 중에서 뜻밖에도 지점이 아니라 본점이라는 〈종로본초불닭〉을 찾았는데, 1만 2,000원짜리 불닭을 위시해서 바비큐불닭, 치즈불닭이 있고 한 접시에 9,000원짜리 불떡볶이, 불오징어, 불닭발들이 있는데, 이 중에 '불' 자가 들어간 것은 모두 바늘 같은 매운 맛이었다.

이 매운 맛을 상쇄시키는 것이 누룽지탕인데, 한 그릇에 5,000원이지만 무한정 리필이 되고 있었다. 이를테면 고기 한 점 먹고 이미 얼얼해진 입 안에 누룽지탕 국물을 훌훌 들이마시고, 다시 고기 한 점을 먹고 얼큰 국물을 훌훌 들이마시는 식이었다.

〈종로본초불닭〉의 젊은 사장 최두호 씨는 젊은이답게 이렇듯 매운 맛이 유행하는 것을 일종의 사회현상으로 풀이하여, 계속되는 불경기를 이겨 내기 위

한 심리적 대응으로 보았다. 땀을 뻘뻘 흘리며 매운 것을 먹다 보면 저절로 스트레스가 풀린다는 것이었다.

로데오거리 퓨전 요리

'떡볶이에 미친' 이영주(46) 씨. 24년 동안 떡볶이와 고락을 함께하며 '대구 동성로 떡볶이 신화'를 일궈낸 그는 서울 압구정동 로데오거리에 10억 원을 들여 떡볶이 전문점인 <레드페퍼>를 차려 철판피자떡볶이 등 다양한 떡볶이 관련 메뉴를 선보이고 있다.

1990년대의 압구정동을 묘사한 문학작품들은 압구정동에 대해서 지극히 신랄하다. 시인이자 영화 <말죽거리 잔혹사>의 감독인 유하는 <바람 부는 날이면 압구정동에 가야 한다>는 연작시에서 압구정을 이렇게 묘사하고 있다.

압구정동은 체제가 만들어 낸 욕망의 통조림 공장이다/국화빵 기계다 지하철 자동 개찰구다 어디 한 번 그 투입구에/당신을 넣어보라 당신의 와꾸를 디밀어

보라 예컨대 나를 포함한 소설가 박상우나/시인 함민복 같은 와꾸로는 당장은 곤란하다 넣자마자 띠-소리와 함께/거부 반응을 일으킨다 그 투입구에 와꾸를 맞추고 싶으면 우선 일 년 간 하루 십 킬로의/로드웍과 섀도우 복싱 등의 피눈물 나는 하드 트레이닝으로 실버스타 스텔론이나/리차드 기어 같은 샤프한 이미지를 만들 것 일단 기본 자세가 갖추어지면/세겹 주름바지와, 니트, 주운발 코트, 장군의 아들 중절모, 목걸이 등의 의류 액세서리 등을 구비할 것 그 다음/미장원과 강력 무쓰를 이용한 소방차나 맥가이버 헤어스타일로 무장할 것/……이곳 어디를 둘러보라 차림새의 빈부격차가 있는지 압구정동 현대아파트는 욕망의 평등사회다 패션의 사회주의 낙원이다/가는 곳마다 모델 텔런트 아닌 사람 없고 가는 곳마다 술과 고기가 넘쳐나니 무릉도원이 따로 없구나 미국서 똥구루마 끌다 온 놈들도 여기선 재미 많이 보는지 재미동포라 지화자, 봄날은 간다……. 걸어가면 만날 수 있다 오, 욕망과 유혹의 삼투압이여/자, 오관으로 느껴보라 안락하게 푹 절여진 만화방창 각종 쾌락의 묘지, 체제의 꽁치통조림 공장, 그 거대한 피스톤이, 톱니바퀴가 검은 기름의 몸체를 번득이며 손짓하는 현장을/왕성하게 숨막히게 숨가쁘게/그러나 갈수록 섹시하게……

한때는 '해방구'…… 불황에 빛바랜 느낌

작가 이순원의 장편소설 《압구정동엔 비상구가 없다》에서도 1990년대의 압구정동에 대한 묘사는 비슷하게 신랄하다.

……오늘 아침 그녀는 자신의 800만 원짜리 이태리산 침대에서 잠을 깼다. 침대 맞은편 벽에 걸린 영국산 수제품 뻐꾸기 시계가 9시 30분을 가리키고 있었다. 그녀는 침대 아래에 놓인 이태리산 털실내화를 신고 엄마가 있는 안방으로 갔다. 침실과 아빠 엄마의 의상실이 따로 분리돼 있는 방이었다. 아빠는 1억 5,000만 원짜리 밴츠 560SEL을 타고 이미 출근한 다음이었고, 엄마만 혼자 2,200만 원짜리 서독산 침대에 누워 프랑스산 오리털이불 바깥으로 한쪽 다리를 걸치듯 내놓고 있었다. 외출을 할 때면 언제나 금박을 장식한 12만 원짜리 칼빈클라인 스타킹을 신는 다리였다. ……그녀는 비너스 조각을 한 1,400만 원짜리 이태리산 대리석 욕조에 가볍게 이온 목욕을 한 다음 자기 침실로 가 2,300만 원짜리 이태리산 장롱을 열고 전에도 입었던, 입어도 그 속이 확연히 들여다보이는 그물형 스캉달 팬티와 그 팬티와 세트를 이룬 은은한 핑크색 브래지어를 하고 차이나형 꽃무늬가 수놓아진 칼빈 클라인 스타킹을 신었다. 그리고 그 위에 40만 원짜리 쏘냐 리카엘 상표가 붙은 블라우스와 70만 원짜리 이바노브니 검정색 미니 스커트를 입고 역시 검은 색상의 320만 원짜리 피에르 발망 반코트 차림으로 거울 앞에 섰다…… 핸드백은 엄마의 430만 원짜리 것만은 못하지만 자연산 무늬를 조금 갈색나게 처리한 280만 원짜리 구찌 악어가죽 핸드백을 골랐다. 그 안엔 어제 쓰다 남은 20 몇 만 원과 조금 전 엄마가 외출하기 전에 주고 간 외환은행권 10만 원짜리 수표 석 장, 언제 어떤 일이 생길지 모르니 급한 일이 생기면 쓰라고 그 전에 아빠가 주었던 100만 원짜리 상업은행권 수표 한 장, 입학 선물로 받은 VIP카드, 얼마 전 갤러리아 명품관에서 12만 원 주고 두 개를 사 하나는 영준이 오빠를 준 피에르 가르뎅 손수건, 작은 용기에 담은 몇 가지 드봉 화장품,

2부. 이국 향기 가득한 뒷골목 맛세상 149

그 화장품 판촉물로 받은 굵은 빗 한 자루, 핸드백용 강력 무스, 친구들 전화번호를 적은 1만 4,000원짜리 프랑스산 양가죽 팬시 수첩, 양가죽 케이스 안의 스위스산 볼펜이 들어 있었고, 그 제일 밑바닥에는 현금 말고는 그 핸드백 안의 유일한 국산품인 이미 반쯤 쓴 피임약이 들어 있었다.

작가 이순원은 1990년대의 소위 '압구정파' 출신 여대생 은지를 통해 압구정동이며 로데오 거리를 묘사하다 못해, 직설적인 어법으로 '이 땅 졸부들의 끝없는 욕망과 타락의 전시장, 아니 똥통같이 왜곡된 한국 자본주의가 미덕처럼 내세우는 환락의 별칭적 대명사' 운운하며 드러내 놓고 울분을 토한다.

경력 24년…… 대구서 강남 중심으로 진출

원래 로데오란 길들여지지 않은 말이나 소의 등에 올라타고 누가 오래 버티는가를 겨루는 서부 카우보이들의 경기를 일컫는 말인데, 미국에서도 상류층만 모여서 사는 비벌리힐스에 있는 세계적인 패션 거리에 로데오라는 이름이 붙고, 이어 이 땅의 소위 '오렌지족', 혹은 '야타족'으로 불리는 부유층 신세대들이 압구정동에 자신들만의 놀이공간을 만들어 로데오라는 이름을 붙인 것이다. 이 신세대들은 한때 로데오 거리를 일종의 해방구로 여겨, 너나없이 세이프티존(SAFETY ZONE)이란 영어를 새겨 넣은 차양이 긴 모자를 자신들만의 무슨 상징물처럼 눌러 쓰고 활보하기도 했다.

이순원식 '욕망과 타락의 전시장이며 환락의 별칭적 대명사'이자 유하식 '욕망의 평등주의이자 패션의 사회주의'인 압구정동 로데오 거리도 IMF를 지나 우리 경제가 바닥이 보이지 않는 불황의 깊은 늪에 빠져 있는 오늘에 이르러서는, 어딘지 모르게 그 빛이 바랜 느낌이 없지 않다. 실제로 로데오 거리를 기웃거리는 동안 명품점이며 패션점, 각종 음식점의 주인들은 '좋은 시절은 물 건너갔다'는 말을 서슴지 않는다. 어떻게 보면 로데오 거리의 단골 고객이었던 이 땅의 큰손이나 복부인 같은 졸부들이 더 이상 손쉽게 눈먼 돈을 벌어 흥청망청하기에는, 그만큼 우리 사회가 맑아진 것인지도 모른다.

로데오 거리의 식당들도 이제는 고급스럽기보다는 대중적인 간판들이 즐비하다. 주로 퓨전 요리 중심인데, 일식이며 중식, 한식, 심지어 소주방까지도 상호 앞에 기꺼이 퓨전이라는 관형어를 붙이고 있다. 어느 식당을 들어가도 가격이 10,000원 안팎으로 크게 비싸지 않다. 로데오 거리의 여러 퓨전 요리점들 중에서도 단연 눈에 뜨이는 것은 떡볶이 전문점인 〈레드페퍼〉(02-547-3778)다. 한마디로 한다면, 〈레드페퍼〉의 주인인 이영주 씨는 떡볶이에 미친 사람이다. 올해로 떡볶이 경력이 24년인 중년의 그이는 스스로도 떡볶이에 미쳤다고 기꺼이 자인한다. 이를 테면 강남에서도 세가 가장 비싼 로데오 거리에 물경 10억 원을 투자하여 건평 100평의 3층 건물을 세내어 떡볶이 전문점을 차린 것이다. 보증금 3억 원에 월세 1,300만 원, 권리금 4억

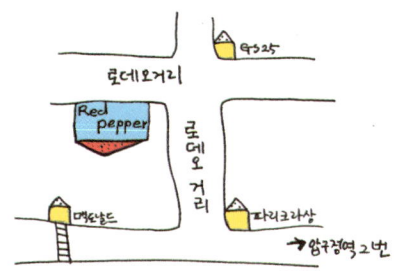

원에 나머지 실내장식으로 총 10억 원을 들인 〈레드페퍼〉는 기존의 고정관념으로는 떡볶이점이라고는 도저히 생각할 수 없는 고급카페나 레스토랑풍의 화려한 실내장식과 디자인이 보는 이의 눈을 휘둥그레 만드는데, 1층, 2층, 테라스, 복층이 모두 손님을 맞는 홀이다.

그중에서 그이만이 출입할 수 있는 3층은 소위 개발실인데, 그 안에는 세계 모든 종류의 소스들이 가득 차 있다. 그 소스들 중에는 그이가 개발한 떡볶이용 고추장이 소스란 이름으로 어깨를 나란히 하고 있는 것은 물론이다. 떡볶이의 종류를 보면 그이가 떡볶이에 미쳤다는 말이 좀 더 실감이 난다. 2인분 기준의 철판즉석떡볶이는 레드페퍼떡볶이(10,000원), 순대떡볶이(8,000원), 거리떡볶이(6,000원), 불고기떡볶이(8,000원), 해물떡볶이(8,000원)가 있는데, '레드페퍼떡볶이'는 쌀떡, 야채, 햄, 어묵, 만두, 쫄면, 라면, 팽이버섯이 들어간 '거리떡볶이'에, 오징어, 새우, 홍합, 꼬마만두, 삶은 계란이 더해진다. '불고기떡볶이'는 '거리떡볶이'를 기본으로 하여 순살불고기와 각종 버섯이 더해지고, 순대는 순대가 더해진다. 이 외에도 각각 5,000원짜리의 피자떡볶이, 치킨탕수떡볶이, 스파게티떡볶이, 궁중떡볶이가 있고, 쟁반떡볶이, 떡꼬치, 떡튀김, 비빔만두, 순대볶음, 오뎅탕 등이 있다. 얼마 전에는 철판피자떡볶이를 개발했는데, 쌀떡에 화이트소시지, 비엔나소시지, 햄, 모차렐라치즈를 넣어 피자토핑을 뿌리고, 새우, 어묵, 만두, 달걀, 당근, 파, 팽이버섯, 양배추, 피망,

적채, 양파, 페퍼로니 등을 넣어 철판에 볶아 내어 매운 것을 싫어하는 청소년들도 기꺼이 즐길 수 있게 만들었다.

30대 사장 40가지의 롤 메뉴 개발

이영주 씨는 떡볶이를 햄버거나 스파게티, 피자 등과 어깨를 나란히 하는 세계적인 요리로 만드는 것이 필생의 꿈이다. 기실 그가 압구정동의 로데오 거리에 세상에서 가장 화려한 떡볶이 전문점을 낸 것도 그가 펼치고자 하는 꿈의 일환인 셈이다. 그이는 압구정동에 오기 전에 이미 〈동성로떡볶이〉란 상호로 대구에서만 본점에서부터 7호점까지를 직영하여 월 순수익 7,000만~8,000만 원을 올린 소위 '떡볶이 신화'의 주인공이기도 하다. 그런 그이가 바로 떡볶이의 세계화를 위하여 스스로 동성로떡볶이시대를 청산한 채 서울로 올라온 것이다.

〈러〉(02-540-2577)는 '날것'(raw)이라는 뜻으로 퓨전일식 스타일의 소위 캘리포니아롤 전문점이다. 31세의 박진효 씨가 운영하는데, 과연 젊은이답게 무려 40가지에 이르는 다양한 롤 메뉴를 내고 있다. 일찍이 압구정동파가 되어 세이프티존이라는 모자를 쓰고 로데오 거리를 휩쓸었을 나이의 그이는 공과 계통의 대학을 졸업하고 어학연수 차 미국에 건너갔다가 캘리포니아롤에 눈떠 일본인

요리사 아래서 요리법을 익힌 것이다. 원래 캘리포니아롤이란, 스시라는 일본식 생선초밥을 미국식으로 변형시킨 요리인데, 이를테면 날것을 싫어하는 미국인들의 입맛에 맞춰 생선을 안에 넣고 초밥을 밖으로 드러내거나 아니면 튀김가루를 입혀 튀겨내어 거기에 각종 소스를 끼얹은 식이다.

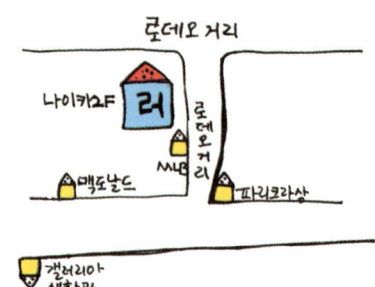

　스네이크롤은 장어구이에 아보카도를 얹고, 달콤한 계란말이로 감싼 롤이고, 살몬크런치롤은 밀가루를 기름에 바삭하게 튀겨 낸 크런치에 연어를 덮고 거기에 다시 날치알을 얹은 롤이고, 트레저아일랜롤은 역시 크런치에 날치알과 장어, 참치, 아보카드를 섬처럼 쌓아 올린 롤이고, 레인보롤은 연어, 참치, 아보카드에 크림치즈를 더한 롤이고, 스파이더롤은 이제 막 껍질을 벗은 물렁한 게를 통째로 튀겨 토마토, 오이, 날치알, 아보카드를 더한 롤이고, 키스미롤은 새우와 게살에 매콤한 칠리소스를 끼얹은 롤이고, 더블펀치롤은 파인애플에 게살, 가리비, 아보카드를 부쳐 내어 소스를 뿌린 롤이고, 프라이롤은 크런치에 게살, 날치알, 아보카드를 넣어 기름에 튀겨낸 롤인데, 이렇듯 40여종에 이르는 롤들이 7,000~8,000원이다. 이밖에도 세트로 내기도 하는데, 필라델피아롤이나 슈퍼크런치롤에 활어초밥이며 튜나샐러드와 우동을 함께 내거나 4가지 롤에 활어회와 활어초밥, 우동을 내기도 한다.

안산 '국경 없는 마을'

지하철 4호선 안산역을 빠져나와 지하도를 건너면 원곡동이 시작된다. 이 원곡동이 몇 해 전부터 '국경 없는 마을'이 되었다. 안산역을 뒤로 한 채 '원곡본동사무소'라는 팻말을 따라 광장약국 골목에 들어서면, 소규모 건설업체들이 일괄적으로 지은 2, 3층짜리 다세대주택들이 즐비하게 늘어서서 비슷한 골목을 형성하고 있는데, 여기가 바로 '국경 없는 마을'이다.

97개국서 모여들어 주로 3D업종 종사

'국경 없는 마을'은 과연 이름에 어울리게 이색적인 간판들이 골목 여기저기에서 쉽게 눈에 띈다. 〈코스모〉, 〈타즈마할〉 등의 파키스탄식품점, 〈누산트라〉,〈마타하리인도네시아〉,〈모나스〉 등의 인도네시아식당,〈랑카푸드라〉는 스리랑카식품상점,〈몽골라이프〉라는 몽골식당,〈파라다이스〉라는 파키스탄식당, 네팔식당, 베트남쌀국수 외에도,〈왕중왕관점王中王串店〉,〈산동제일가山東第一家〉,〈연길랭면〉 등의 중국 식당과 미처 수를 헤아릴 수도 없는 중국 식품점들이 곳곳에 산재해 있다.

'국경 없는 마을'은 안산지역의 반월공단이며 시흥공단, 그리고 가까운 소규모 사업장에서 근무하고 있는 외국인 노동자들이 이룬 마을이다. 그러고 보면 '국경 없는 마을'은 안산지역뿐만 아니라, 전국에서도 가장 큰 규모의 외국인 노동자 거주지역인 셈이다. 1988년 서울올림픽을 계기로 외국인 노동자들이 소위 '코리안드림'을 이루기 위해 시나브로 우리나라를 찾기 시작하여 2004년 8월 현재 42만여 명에 이르고, 이중에 안산에 거주하는 외국인 노동자만 5만 명에 가깝다. 안산시의 총 인구가 65만여 명이니 거의 8퍼센트를 차지한다. 저마다 출신별 나라도 다양하여 가장 많은 중국 동포를 위시하여 방글라데시, 인도네시아, 파키스탄, 스리랑카, 러시아, 몽골, 인도, 베트남, 필리핀, 태국, 캄보디아, 우즈베키스탄, 나이지리아 등 모두 97개의 나라에서 골고루 들어와 있다.

외국인 노동자들은 왜 이렇듯 안산지역에 집중된 것일까. 부끄럽지만 대답은 너무도 명확하다. 안산의 반월·시화공단은 소위 3D로 불리는 '더럽고, 위험하고, 힘든' 업종인 피혁, 도금, 조립, 자동차부품, 섬유, 신발, 가구공장 등이 다른 곳보다 비교적 많이 몰려 있기 때문이다. 이들 3D업종을 내국인 대신에 외국인 노동자들이 기꺼이 떠맡은 것이다.

원곡본동사무소 어름에 있는 '안산외국인노동자센터'를 찾아보면, 환영의 말이 인상적이다.

"잘 오셨습니다. 종들의 피와 땀과 눈물로 빚어 센터를 건축하고 의자를 마련하여 주님은 당신을 기다렸습니다. 우리도 병을 앓았습니다. 우리도 가난을 걸어갔습니다. 우리도 버림을 받았습니다. 우리도 무서운 죄를 지었습니다. 그러나 지금은 아닙니다. 아무 것도 없으면서 모든 것 가지고 있고, 모든 것 가지고 있으면서 아무 것도 없는 이 엄청난 자유인의 비밀은 우리가 살아계신 주님을 만났기 때문입니다. 잘 오셨습니다……."

'국경 없는 마을'에는 '안산외국인노동자센터' 말고도 여러 종교단체며 인권운동단체에서 '코시안의 집', '외국인노동자컴퓨터교실', '안산노동인권센터', '안산여성노동자회' 등을 설립하여 외국인 노동자들을 돕고 있다. 코시안은 코리안과 아시안의 합성어인데, '코시안의 집'은 외국인 노동자와 내국인과의 결혼을 통해서 만들어진 코시안이라는 새로운 형태의 국제 가족의 여러 어려움을 덜어 주기 위해 일하고 있다.

모르기는 해도 연말연시에 몰려온 한파 속에서, 이 땅에서 가장 춥고 허기진 이들은 다름 아닌, 외국인 노동자들일 터이다. 그중에서도 소위 불법체류자로 몰려 더 이상 일할 곳도, 그렇다고 돌아갈 곳도 잃어버린 미등록이주노동자들일 터이다. 작년 연말에 외국인고용허가제가 실시되면서 오히려 더 늘어난 미등록이주노동자들은 물경 20만 명에 육박하고 있으니, 총 외국인 노동자의 절반에 가깝다.

추위보다 더 무서운 불법체류자 단속

이를테면 '국경 없는 마을'에 거주하는 외국인 노동자들 중에서도 절반에 가까운 수가 불법으로 몰린 셈이다. 영하 10도를 오르내리는 한겨울의 날씨도 날씨지만, 날씨보다 더 추운 것은 국경 없는 마을의 골목마다 꽁꽁 숨어서 출입국관리소 직원이라도 나타나지 않나 하고 바깥을 살피는 미등록 이주 노동자들의 떨리는 시선일지도 모른다.

아무리 뜻이야 좋다지만, 이들의 춥고 허기진 시선을 외면한 채 과연 외국인고용허가제가 성공할 수가 있을까. '코리안드림'을 위하여 1천만 원 가까운 엄청난 빚을 내어 이 땅에 들어왔다가 미처 빚도 갚을 수 없는 처지에 이르자, 한 푼이라도 더 벌기 위해 기한을 넘기거나 역시 한 푼이라도 더 받기 위해 사업장을 옮기면서 불법체류로 몰려 끝내 미등록이주노동자가 되는 것이다.

외국인 노동자들이 다른 것도 아닌 바로 고용허가제 때문에 더 이상 일할 수 있는 기회마저 박탈당하고 추위와 허기 속에 팽개쳐진다면, 그래도 이들을 위한 법이라고 강변할 수가 있을까.

외국인고용허가제가 실시되고 난 후, 외국인 노동자들을 상대로 한 식당이며 상점들이 절반 넘어 문을 닫고 말았다. 어렵사리 문을 열고 있는 식당이며 상점들도 숫제 손님을 구경할 수가 없다. 어쩌다 낯선 이가 나타나면, 주인 되는 이들마저 아연 긴장을 하여 날카롭게 눈빛을 세운다. 골목골목에는 외국인 노동자들이 아직까지도 흘리고 있는 '피와 땀과 눈물'이 외국인 노동자센터의 과거형 수사와는 달리 어디에서든 현재형으로 선연한 자국을 남기고 있다.

"……우리도 병을 앓았습니다. 우리도 가난을 걸어갔습니다. 우리도 버림을 받았습니다. 우리도 무서운 죄를 지었습니다……."

아름다운 환영의 말에도 불구하고, 이들을 외면하는 법이 있는 한 '우리의 무서운 죄'는 결코 끝난 것이 아닐 터이다.

전문점의 30~40퍼센트 비용이면 거뜬

흔히 여행의 참다운 목적은 자신이 머무르던 곳을 떠나 낯선 곳을 돌아보면서 무엇보다도 자신이 어제까지 머무르던 곳의 소중함을 새롭게 확인하는 데 있다고 한다. 만일 그대가 새해 벽두부터 문득 자신의 일상이 초라해 보이거나 자신이 지닌 어느 하나마저 무의미하게 여겨진다면, 바로 그 자리에서 안산으로 떠나자. 서울에서 지하철을 탄다면 불과 한 시간 안에 그대는 '국경 없는 마을'이라는 낯선 곳에 다다를 것이다. 낯선 이들이 만든 낯선 골목을 천천히 돌아보며, 그렇게 낯선 이들이 추위와 허기로 빚어낸 '피와 땀과 눈물'을 만나면서, 그대는 자신이 조금 전까지 머무르던 곳의 소중함을 온몸으로 확인할 수 있으리라. 그대는 그런 자기 확인의 과정에서 아무런 낯선 식당에라도 들어가, 겉모습이야 허름해 보이는 이국적인 식당들이 추위와 허기에 지친 이들에게 얼마나 소중한 공간이 되는지도 함께 확인하자.

자국인 위해 정통의 맛 철저히 고수

〈파라다이스〉(031-491-3145)는 파키스탄인 압둘 살람이 주인이자 주방장인 식당인데, 그는 1999년에 내국인인 손효정 씨와 결혼을 하여 딸까지 둔 소위 코시안 가족이다. 그 역시 외국인 노동자로 들어와 10년 가까이 알루미늄 공장이며 새시 제작, 페인트공, 설비공 등을 거쳐 마침내 내국인과 결혼하여 식당을 차린 입지전적인 인물이다. 〈파라다이스〉는 파키스탄의 이국적이면서도 아름다운 풍경사진들을 사방의 벽에 빙 둘러가며 장식하여, 비단 파키스탄 출신뿐만이 아니라 인도, 방글라데시, 스리랑카 등 여러 나라 사람들이 그야말로 국경 없이 즐겨 찾는 곳이다.

〈파라다이스〉는 메뉴 또한 다양하여 무튼카레라는 양고기요리에서부터 치킨카레라는 닭요리, 갈라카레라는 소심장요리, 케밥, 야채요리인 베지터블, 커스터드며 랏시 같은 우유 음료며 티라는 전통차에 이르기까지 20종에 이른다. 이중에서 양갈비에 특유의 향신료며 카레를 넣어 볶아낸 무튼카레는 7,000원이면 둘이서 충분히 먹을 만큼 양이 풍부하다. 이 무튼카레에 소위 탄도리라는 화로에서 즉석에 구워내는 밀빵인 로티를 곁들여 먹는데, 로티는 한 장에 1,000원이다. 만일 서울의 인도나 파키스탄 요리 전문점에서 같은 양의 무튼카레를 맛보려면 적어도 서너 배는 족히 넘는 비용이 들 것이 틀림없다. 이밖

에도 닭고기볶음인 치킨카레(6,000원)를 위시하여 케밥(6,000원)이며 베지터블(3,000원) 등도 우리의 입맛에 거슬리지 않게 부드러운데, 6,000원짜리 메뉴는 모두 두 사람이 먹을 수 있는 양이다. 요리를 먹고 나서 커스터드(2,000원), 랏시(2,000원) 같은 우유 음료며 티(1,000원)를 후식으로 즐기다 보면 그대의 짧지만 의미 깊은 여행을 더욱 소중하게 만들 터이다.

〈베트남쌀국수〉는 베트남 이주노동자 출신인 네티 하이투가 주인인데, 그녀 역시 한국인과 결혼하여 딸만 둘을 둔 코시안이다. 그녀는 1994년에 한국에 들어와 안산의 염색공장에서 근무하다가 같은 공장에 근무하던 최을식 씨와 1998년에 결혼을 하였다. 〈베트남쌀국수〉는 요즘 들어 전국의 어디에서나 흔히 볼 수 있는 요리가 되었지만, 그러나 다른 곳이 한국인의 입맛에 맞추어 맛이 얼마쯤 달라진데 비해, 이곳은 손님들의 90퍼센트 이상이 베트남인들인 만큼 철저하게 정통의 맛을 고수하고 있다.

원래 '포'라고 불리는 베트남쌀국수(4,000원)는 소고기뼈로 국물을 고아내고 역시 베트남 특유의 향초와 갖은 양념을 넣어서 간을 맞춘 다음에 소고기와 쌀국수에 부어 내는데, 특이한 것은 숙주나물을 데치지 않고 날로 넣어서 함께 먹는다는 점이다. 쌀국수의 고소한 맛에 숙주나물의 싱그러운 맛이 겹쳐지고, 소고기 국물의 진한 맛이 특유의 향초와 함께 입안에서 어우러지면

저절로 감탄이 나온다.

반다넴(6,000원)이라는 베트남식의 만두도 있다. 돼지고기와 목이버섯, 당면, 양파, 당근, 달걀 등으로 만두 속을 만들어 쌀죽을 써서 종잇장처럼 얇게 말린 만두피로 감싼 다음에 기름에 튀겨낸 원통형 모양새다. 반다넴은 양이 넉넉하여 둘이 먹어도 충분하다.

이 밖에도 특이한 메뉴로는 쭈비론이라는 삶은 오리알이 있는데, 여느 오리알과는 달리 약간 부화시켜 껍질 안에 있는 흰자와 노른자가 저마다 세포분열을 거쳐 어느 정도 형체를 갖추려는 찰나에 이른 것이다. 식물로 표현하자면 씨앗들이 어느 정도 발아한 새싹과 비슷한데, 요즘 유행하는 새싹비빔밥이나 새싹쌈 등을 연상하면 된다. 부화된 오리알이라는 선입감만 극복하면, 뜻밖에도 입안에 찰싹 감쳐드는 별미를 맛볼 수 있을 터이다.

쌀밥+육류요리 만물상

〈뉴산타〉는 인도네시아 식당 겸 카페인데, 뜻밖에도 송영민이라는 미혼의 한국 여인이 주인이고, 주방장이 부하리라는 인도네시아 출신이다. 그의 여동생은 같은 건물에 있는 아바시 커버레이션이라는 무슬림 식품 수입회사의 사장인 파키스탄인과 결혼을 한 코시안 가족이기도 하다. 송 씨는 식당에 대한 정성이 남달라서 여느 식당과는 달리 넓은 홀에 깔끔하면서도 아늑한 분위기를 이루고, 한편에는 노래방 기기까지 마련하여 손님들에게 무료로 제공하고 있다. 주방장인 부하리는 반월공단에 있는 리모컨 회사에 다니면서 틈틈이 요

리를 배워 마침내 요리사가 된 부지런한 젊은이다.

인도네시아식 일색인 메뉴로는 나시오또아얌, 나시소토아얌, 나시렌당다킹, 나시그라이캄빙, 나시하티, 나시 글라이캄빙, 나시핏겔, 나시고랭, 박스믹 등이 있다. 요리 이름 중에서 앞에 붙은 나시란 쌀밥을 뜻하는데, 이 쌀밥에 곁들이는 닭고기, 양고기, 쇠고기 등 육류에 따라 뒤에 붙은 이름이 달라진다. 이들은 모두 4,500원으로 값이 같다. 이중에서 나시고랭은 대파며 고추, 양파, 생강, 양배추 등의 야채에다가 인도네시아식 향초를 넣어 볶다가 미리 튀겨 낸 닭고기를 잘게 썰어 넣어 다시 볶은 다음에 소스와 달걀, 쌀밥을 넣어 마지막으로 볶아 내는 식이다. 나시고랭은 인도네시아인들은 물론 필리핀이며 태국인들도 즐겨 찾고 있다. 이밖에 나시소토아얌은 닭고기에 당면, 카레, 월계수 잎 등을 넣고 국물을 넣어 걸쭉하게 끓여 낸 것으로 밥과 함께 먹는데, 이때 새우냄새가 나는 뻥튀기 비슷한 크로푹에다가 양배추며 오이를 곁들인다. 나시오토아얌은 나시소토아얌의 재료를 국물이 없이 카레로 만들어서 밥과 함께 먹는 식이다.

인천 차이나타운

작가 오정희의 빼어난 단편 〈중국인 거리〉는 처음부터 끝까지 어둡고 절망적이며 게다가 퇴폐적이다. 주정뱅이, 양공주, 아편중독자 등이 우글거리는 1950년대 전쟁 직후의 '중국인 거리'에서 이제 막 사춘기에 접어든 주인공 소녀는 앞날에 대한 한 가닥의 희망도 없이 초조(初潮)를 경험한다. 기실 작가에게 있어서 '중국인 거리'란 갓 자의식에 눈뜨는 자신의 내면 풍경에 다름 아닐지도 모르지만, 그러나 일찍이 구한말 이래 '청관'이란 이름으로 인천의 북성동과 선린동 일대에 자리 잡고 살아온 화교들의 참혹한 생활사가 단색 판화처럼 실사적 풍경으로 드러나 있기도 하다.

······저녁 무렵이 되면 바구니를 팔에 건 중국인들이 몰려들었다. 뒤통수에

쇠똥처럼 바짝 말아 붙인 머리를 조금씩 흔들며 엄청나게 두꺼운 귓불에 은고리를 달고 전족한 발을 뒤뚱거리며 여자들은 여러 갈래로 난 길을 통해 마치 땅거미처럼 스름스름 중국인 거리를 향했다.

남자들은 가게 앞에 내놓은 의자에 앉아 말없이 오랫동안 대통 담배를 피우다가 올 때처럼 사라졌다. 그들은 대개 늙은이들이었다.

(……) 늙은 중국인들은 우리들에게 가끔씩 미소를 지었다. 통틀어 중국인 거리라고 불리는 동네에, 바로 그들과 인접해 살고 있으면서도 그들 중국인에게 관심을 갖는 것은 아이들뿐이었다. 어른들은 무관심하게, 그러나 경멸하는 어조로 '뙈놈들'이라고 말했다.

우리는 그들과 전혀 접촉이 없었음에도, 언덕 위의 이층집, 그 속에 사는 사람들은 한없는 상상과 호기심의 효모(酵母)였다. 그들은 우리에게 밀수업자, 아편쟁이, 누더기 바늘땀마다 금을 넣은 쿠리, 그리고 말발굽을 울리며 언 땅을 휘몰아치는 마적단, 원수의 생간(肝)을 내어 형님도 한 점, 아우도 한 점 씹어 먹는 오랑캐, 사람 고기로 만두를 빚는 백정, 뒤를 보면 바지도 올리기 전 꼿꼿이 언 채 서 있다는 북만주 벌판의 똥덩어리였다.

굳게 닫힌 문의 안쪽에 있는 것은, 십 년을 사귀어도 좀체 내뵈지 않는다는 깊은 흉중에 든 것은 금인가, 아편인가, 의심인가.

비단 작가 오정희의 작품 속에서만이 아니라도, 화교라는 이름으로 100년이 넘게 살아온 중국인들에게 우리나라는 척박한 황무지를 넘어 차라리 유형지에 흡사할 터였다.

애오라지 끈질긴 인내심 하나만으로 세계 곳곳에 '차이나타운'을 건설하여 어디에서나 나름대로 전통과 문화를 간직한 채 꽂꽂한 자긍심을 지켜 온 화교들로서도 유일하게 발을 붙이지 못하고 쇠락의 길을 걸어야 한 곳이 바로 우리나라라고 하지 않던가.

그런 쇠락의 원인은 무엇보다도 우리나라의, 역시 세계에서 유래가 없는 화교들에 대한 각종 제도적인 제한과 거의 악랄하기까지 한 경제적, 사회적 차별 정책 때문이었으리라.

그렇듯 어둡고 참담하고 부정적이며 어디를 둘러보아도 단 한 점의 희망도 보이지 않을 것 같은 쇠락의 대명사 '중국인 거리'가 오늘은 관광특구 차이나타운이란 이름으로 화려하게 거듭 태어나고 있다.

김대중 정부 시절에 이르러 IMF 극복을 위한 외국자본 유인책의 하나로 외국인들에게 부동산 취득을 가능하게 하면서 화교들에 대한 각종 제한과 차별 정책 또한 사라진 것이 빌미가 되어, 일찍이 이 땅을 떠나 타이완, 동남아시아, 미국 등으로 나갔던 2, 3세대의 화교들이 되돌아오고 덩달아 화교자본도 함께 들어온 것이다.

실제로 2004년 10월 초순 열린 '제3회 인천중국의 날 문화축제' 때 둘러본 차이나타운은 옛날 가난에 찌든 어두운 모습은 거의 흔적조차 사라진 채 관광특구답게 보다 산뜻하고 이국적인 향취가 풍겨 나는 화려한 거리였다.

중국풍의 백화점을 위시한 새로운 건물들이 곳

곳에 들어서는가 하면, 20여 곳이 넘는 중화요리 식당과 중국잡화점, 중국식품점, 무역회사 등이 한창 번성하고 있었다.

이 중에서도 새로 들어선 중화요리 식당들은 저마다 우리가 인천의 차이나타운이라면 습관적으로 떠올리는 자장면의 본고장이라는 식의 고정관념에서 벗어나, 젊은 세대들의 입맛에 초점을 맞추어 거의 퓨전에 가까운 새로운 메뉴들을 개발하고 있었다.

이를테면 자장면 하나에도 〈태림봉〉의 유슬자장면, 〈자금성〉의 향토자장면, 〈태화원〉의 채식자장면, 〈북경장〉의 시금치를 갈아 면을 뽑은 녹색자장면, 〈본토〉의 고구마자장면 등 각 식당의 특성에 따라 전혀 새로운 자장면들이 다양하게 선보이고 있었다.

〈태림봉〉(032-763-1688)은 일반 자장면을 약간 고급화하여 유슬자장면(5,000원)이라는 특색 있는 자장면을 내었는데, 원래 유슬이란 돼지고기나 쇠고기를 가늘게 채 썰어서 볶는다는 뜻으로, 거기에 죽순, 표고버섯, 양파, 팽이버섯, 호박, 당근 등의 야채도 함께 채를 썰어서 자장소스를 만들어 보다 격조 높은 자장면을 만들고 있었다. 그러나 〈태림봉〉에서 맛본 요리 중 으뜸은 튀김초면(8,000원)이라는 약간 생경한 이름이었다. 원래 팔진초면으로 더 알려져 있는데, 초면이란 일본의 라면처럼 면발을 기름에 튀겨 꼬불꼬불해진 것을 일컫는다. 팔진초면은 이름처럼 8가지 진기한 재료가 들어간다고 해 붙여진 것이다.

초면에 새우, 조개, 키조개, 오징어, 해삼, 소라 등의 해물과 죽순, 피망, 총각버섯, 샐러리, 청경채 등의 야채를 그릇 가득히 담아 내오는데, 입 안에서 부드럽게 녹아드는 맛이 아연 일품이다.

만일 중화요리에 대하여 일가견을 가진 마니아가 있다면, 한 걸음 더 나아가 〈태림봉〉의 기아해삼이란 비싼 요리를 권하겠다. 해삼의 내장을 빼내고 그 속에 새우며 키조개, 전복 등을 다져 넣어서 통째로 찌고 튀기고 다시 볶아 낸 다음에 한 입 크기로 먹기 좋게 잘라 낸 이 기아해삼은 원래 쇼양해삼으로 불리는 요리이다. 그런데 옛날 기아자동차 회장이 이 요리에 심취한 나머지 거의 날마다 찾다 보니 중화요리 주방장들 사이에서 마침내 제 이름보다는 기아해삼으로 더 유명해져 버린 것이었다. 기아해삼의 입안에서 사르르 녹아드는 맛은 거의 황홀하여 비단 기아자동차 회장이 아니라도 깊게 빠질 수밖에 없는데, 한 접시에 6만 원이나 되는 가격이 아깝지 않게 여겨질 정도였다.

향토자장면(4,000원)으로 유명한 〈자금성〉(032-761-1688)은 〈태화원〉(032-766-7688)을 함께 운영하고 있는데 이곳에선 채식요리들을 권하고 싶다. 〈태화원〉의 채식요리는 중국요리로는 국내에서 거의 유일하다. 돼지고기나 닭고기, 쇠고기 같은 일체의 육류는 물론 생선마저도 사용하지 않고 대신에 콩, 표고버섯, 두부, 찹쌀, 감자 등으로 육류며 생선 맛을 내고 있다.

이를테면 콩으로 햄을 만들고 두부로 고기 맛을 내며 한천으로 해파리를 만들고 동고버섯 줄기로 생선을 만들어 내는 식이다. 이렇게 만들어 내는 채식요리는 해파리냉채, 라조생선, 라조육, 탕수육, 팔보채, 샥스핀 등으로 물경 50여 가지

에 이른다.

〈공화춘〉에서는 코스요리를 주문할 것을 권하고 싶다. 1만 5,000원짜리 코스요리에는 3품냉채, 유산슬, 팔보채, 탕수육, 새우칠리소스가 나오고 식사로는 자장면이 따른다. 2만 원짜리 코스요리에는 삼선샥스핀과 라조생선, 부추잡채가 추가되는데, 1만 5,000원짜리 코스로도 쉽게 포만감에 이른다. 차이나타운의 중화요릿집은 이밖에도 〈부엔부〉, 〈청관〉, 〈대창반점〉, 〈본토〉, 〈신승반점〉, 〈주경루〉, 〈성림장〉, 〈황금성〉, 〈향만성〉, 〈풍미〉 등 많다.

만일 이국적인 향취에 취해 거리의 이곳저곳을 느긋하게 구경하는 것이 아니고, 다만 한 끼를 때우기 위해서라면 하고많은 식당 중에서 구태여 어느 한 곳을 찾아 기웃거릴 필요가 있을까. 식당 주인들뿐만 아니라 주방장 같은 요리사들을 위시해 종업원 대부분이 화교출신이며 저마다 요리 전문가이다.

자장면 나이는 121세

자장면이 처음 태어난 것은 1883년 인천이 개항되면서 청국지계가 설정되고 주로 산둥지방의 중국인들이 대거 몰려와 자연스럽게 청요릿집들이 생겨나면서 부터였다. 이때 처음으로 청요리를 접한 서민들이 신기한 맛과 싼 가격에 놀랐고, 청요리가 인기를 끌자 누군가가 부두 노동자들을 상대로 싸고 손쉽게 먹을 수 있는 음식을 생각하게 되었는데, 산둥지방에서 즐겨먹던 춘장에 생각이 돌아, 마침내 춘장으로 자장소스를 만들어 국수를 비벼먹는 자장면이 탄생한 것이었다.

자장면이라는 이름을 정식으로 메뉴로 내걸고 장사를 하기 시작한 것은 1905년에 문을 연 공화춘으로 알려져 있다. 이 공화춘은 지금은 당시 화려했던 옛 건물의 자취만 남아 있지만 이미 일제 때부터 크게 이름을 날린 고급 요릿집이었다. 물론 지금 차이나타운에 있는 〈공화춘〉과는 무관하다.

"아무거나 고르세요"

차이나타운의 식당 중에 문득 현관에 '자장면 없습니다.' 라는 쪽지를 붙인 〈원보〉(032-773-7888)가 있다. 아니, 자장면을 팔지 않는다니! 그러고도 장사가 되나? 약간은 어이없는 기분으로 슬쩍 식당 안을 들여다보면 웬걸 빈자리가 없게 손님들이 바글거린다. 주로 중국식 만두를 전문으로 하는데 왕만두, 물만두, 찜만두, 군만두가 각각 3,000원이고, 생선물만두와 별미만두국이 4,000원이다. 어느 만두도 다 맛이 있지만, 별미만두국이야말로 이름 그대로 별미다.

별미만두국은 조개, 굴, 새우, 동죽살 같은 해물에다가 호박과 당근, 양파, 죽순, 송이버섯 등의 야채를 채 썰어 넣어 만두 위에 고명처럼 가득히 얹어 준다. 자칫 그릇 밖으로 넘쳐날 것처럼 푸짐하지만 시원하면서도 고소한 국물 맛이 입 안에 오래 머문다. 다 먹고 나면 정말로 값이 4,000원인가 싶게 그 양이며 맛이 뛰어나다. 원보에는 이밖에

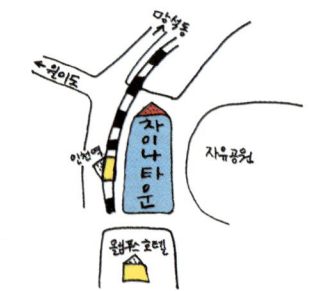

도 5,000원짜리 삼선해물탕, 오향장육이며 오향족발, 해파리냉채, 산동소계라는 닭고기요리가 저마다 1만 원인데, 어느 요리든 눈 감고 주문해도 결코 후회하지 않는다. 〈원보〉의 유천해 사장은 굳이 자장면을 먹으려면 〈북경장〉(032-766-4455)의 자장면을 먹으라고 권했다. 그이의 주장인즉 차이나타운의 자장면이야 맛이 도토리 키 재기로 거기에서 거기인데 〈북경장〉 자장면이 2,000원으로 값이 가장 싸다는 것이었다.

3부

여행 길에서 만난
뒷골목 맛세상

일산의 맛집들

　신도시 중에서 일산만큼 행운이 뒤따른 도시는 다시없을지도 모른다. 무엇보다 가장 큰 행운은 사방에서 전통적인 마을들이 일산을 무슨 보금자리처럼 아우르고 있다는 점이다. 일산은 아파트 일색의 신도시에서 한 걸음만 밖으로 벗어나도 대뜸 예스러운 농촌 풍경이며 전통문화며 사람살이, 나아가 자연을 만날 수 있다.

　그리하여 어느 날, 느닷없이 하늘에서 떨어지듯 행정가들의 손끝에서 얼렁뚱땅 만들어진 위성도시 일산은 도시로서의 황폐한 풍경에서 벗어나 흙이며 생명 같은 자연의 풍부함과 별다른 수고도 없이 가까워지는 것이다.

　해방 전후 고양군의 군청이 을지로 6가 서울운동장 맞은편에 있을 때만 해도 일산을 품에 안은 고양군은 서울의 사대문을 둘러싼 외곽지대인 지금의 서

대문구며, 용산구, 마포구, 영등포구, 은평구, 성동구, 성북구 등의 일부분이 모두 제 땅이었다.

다시 말하면 불암산이며 무악재, 박석고개가 고양 땅이었던 것이다. 그 땅을 서울에 죄다 뺏기고 군청마저 원당으로 옮겨 갈 무렵 일산은 고양군 중면 일산리로, 일산 쌀이라는 기름지고 감칠 맛 나는 쌀 생산지인가 하면, 또한 일산장이라는 꽤 큰 5일장이 열리는 농산물 집산지이기도 했다.

도시와 농촌, 전통과 현대 어울린 행운의 도시

통일로와 경의선 철도가 사이좋게 달리는 일산 일대는 비산비야의 야산지대로 나지막한 구릉들이 잇달아 펼쳐져 있는데, 식민지 시대부터 과일과 채소의 재배지로 이름이 나 딸기며 포도, 배, 사과 같은 과수며 관상수, 화초, 고등채소 등을 가꾸는 전원마을이었다. 더군다나 고양군 일대가 오랫동안 군사작전지역으로 묶이는 바람에 이렇다 할 공장들이 들어서지 않았던 것도 오늘의 일산에 행운을 안긴 원인이기도 했다.

일산에 신도시가 들어서서 인구가 급격히 유입되고 고양군이 고양시로 바뀌어 마침내는 시 단위 인구에서 전국에서 두세 번째를 다투는 90만 명에 가까운 대도시로 변했다. 그런 대도시 일산에 살면서도 주민들은 뜻밖에도 일산의 가장 큰 자랑으로 먼저 호수공원을 내세운다. 그리고 일산 주변의 풍성한 먹을거리와 볼거리들을 내세우기도 한다. 그렇다. 도시와 농촌, 전통과 현대, 혹은 문화와 자연이 사이좋게 어울린 일산 주변에 먹을거리와 볼거리가 풍성하지 않다면 그야말로 어불성설이다.

　1970년대 혹은 1980년대에 서울에 살았던 젊은이들이라면, 누구나 한두 번쯤은 저마다 주말이면 신촌역에서 경의선 기차를 타고 교외로 나들이를 간 적이 있을 터이다. 수색역을 지나고 능곡역을 지나서 마침내 백마역에 내리면 역 앞에 그대로 과수원이 펼쳐지고, 과수원 사이사이에 원두막이나 카페가 그림처럼 들어선 소위 카페촌이 있었다.

　젊고 한껏 아름다운 남녀들은 곧장 과수원 안으로 스며들어 딸기 철에는 딸기를, 포도 철에는 포도를, 복숭아 철에는 복숭아를 사 먹으며 나들이 분위기에 취하고 갓 이루어진 사랑에 취했을 터이다.

　당시의 백마역 카페촌은 지금은 풍동 애니골에 그대로 재현되어 분위기촌을 이루었다. 백마역에 카페촌이 있게 한 원조 〈화사랑〉을 위시해서, 규모에 있어서 세계 제일이라고 내세우는 〈가나안유황오리점〉, 한정식의 〈민속집〉, 카페 〈봉주르〉, 이천쌀밥의 〈토우〉, 돈가스전문점, 〈회먹는 날〉, 〈학골양푼갈비〉, 닭백숙의 〈장수마을〉, 〈소호레스토랑〉 등 미처 헤아릴 수 없이 많은 카페며 음식점 같은 먹을거리들이 애니골 안에 있다.

　그런가 하면 화정동에는 패션거리 로데오거리를 중심으로 젊은이들의 취향을 살린 먹자골목이 들어서고, 라페스타라는 이름으로 더 유명한 롯데 극장가에 또한 퓨전식 먹자골목이, 밤가시 사거리에는 무려 40여 곳 가까운 일식 골목이 저마다 특색을 이루며 형성되어 있다. 그뿐이랴. 자유로를 곧장 달려가면 몇 분 지나지 않아 통일동산이며 군사분계선 철조망 너머로 한강 건너편에 북녘 땅이 실향민의 눈길을 기다리고 있지 않으냐.

경의선 열차타고 주말 나들이 즐기던 백마역

풍동 애니골의 〈화사랑〉(031-905-3835)은 명실 공히 누구나 인정하는 애니골 분위기촌의 터줏대감이자 백마역 카페촌에서 일어난 온갖 사랑의 산 증인이다. 홍익대학교 미대 출신인 김원갑 씨가 1970년대 백마역 앞에 카페 겸 작업실로 시작했던 〈화사랑〉은 일산이 신도시로 개발되어 백마역 앞 카페촌이 애니골로 옮겨와서 새로운 문화거리를 만들면서도 그대로 명성을 유지하고 있다.

그이는 과연 미대 출신답게 통나무 일색으로 특색 있는 건물을 지어 얼핏 보기에는 중세시대의 요새 같은 중후한 분위기를 내고 있는데, 아직도 통나무집의 2층에 작업실을 마련하여 그림을 계속하고 있다.

〈화사랑〉은 300평에 350석의 대규모 공간으로, 실내에 들어서면 군데군데 벽난로의 참나무 불길이 타오르는 가운데, 중앙에 마련된 무대에서 김혁, 함철호, 정인수 달고나밴드 같은 낭만시대의 분위기가 남아 있는 가수들이 주로 1970~1980년대 가요를 중심으로 추억의 음악을 선사하고 있다. 그래서일까,

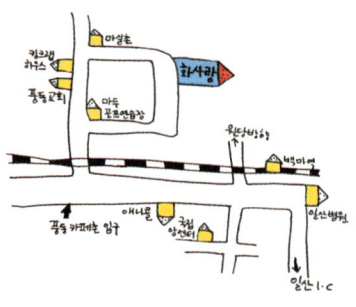

벽난로의 불길이 밝혀주는 흐릿하면서도 아련한 불빛 아래 이마를 맞댄 손님들은 주로 30대와 40대 언저리의 남녀이다.

어쩌면 그이들 또한 10년, 혹은 20년 전에 경의선 열차를 타고 와서 시작했던 첫사랑의 추억여행을 하고 있는 중인지

도 모른다. 아직은 모든 것이 다 서투르기만 하던 시절, 어쩌다 술이며 사랑에 취해 조금만 더, 조금만 더, 하고 머뭇거리다가 아차 하는 순간에 막차를 놓쳐 버린 후의 두려움과 설렘이 다시 한 번 낡은 유행가 가락에서 살아오는 것일까.

〈화사랑〉은 먹을거리 또한 어쩐지 옛날의 낭만적인 분위기가 물씬 풍겨난다. 버섯전골, 불낙전골, 버섯불고기, 주꾸미삼겹살, 닭도리탕, 토종닭백숙 등이 있는데, 저마다 2만 원 안팎으로 동동주 안주 삼아 공깃밥을 곁들이면 서너 명이서 너끈하게 즐길 수가 있다.

이밖에도 묵잡채, 해물파전, 감자전, 모듬전, 골뱅이무침 등 1만 원 안팎으로 전통적인 메뉴가 다 있는데, 그중에서도 〈화사랑〉이 자랑하는 요리는 묵잡채로, 묵을 잘게 썰어 무말랭이처럼 말린 후에 피망이며 양파, 새송이버섯, 죽순, 부추 같은 야채와 돼지고기를 무말랭이 크기로 채 썰어 볶아 낸다.

옛날 낭만적 분위기 물씬 풍겨나는 먹을거리

자유로 장항IC를 빠져나와 일산으로 들어오는 길에 SK주유소를 지나자마자 그대로 오른쪽으로 접어들어 좁은 굴다리를 지나는 길로 좌회전하여 가면 LG주유소가 나오고 50미터쯤 전방에 〈모란각〉이라는 대형 입간판이 보인다. 여기가 바로 한때 귀순용사의 대명사로 불리던 김용 씨가 주인인 〈모란각〉

본점이다.

〈모란각〉은 일산 시가지에서 오자면 호수공원 뒤편에 있어서 길 찾기에 다소 어렵지만, 대신 자유로를 오가는 차량들에서는 어디에서건 단연 눈에 뜨이는 장소에 위치해 있다. 그렇듯이 〈모란각〉을 찾는 손님들은 대부분이 실향민 출신으로 나이가 칠순이며 팔순을 넘어 거동이 불편한 이들이다. 그이들은 지팡이에 의지하거나 휠체어에 탄 노구를 이끌고 흡사 성지순례라도 하듯이 통일동산을 찾고, 이어 〈모란각〉을 찾는다. 〈모란각〉은 김용 씨가 귀순자들 위주로 뜻을 모아 차린 소위 북한음식 전문점이다. 그이는 귀순자들의 누구보다도, 한 인간에게 체제가 뒤바뀐다는 것이 얼마나 고통스러우며 정체성에 혼란을 가져오는가를 뼈저리게 느낀 모양이었다. 이를테면 사회주의체제에서 유·소년기와 청년기를 거치며 형성된 가치관이며 사고력, 인간관이 어느 날 자본주의체제로 뒤바뀌는 데서 오는 가치며 사고의 혼란을 견뎌 내는데, 그이는 자신의 소중한 시간을 몽땅 바쳐야 했던 것이다.

성지순례 하듯 〈모란각〉 찾는 노년의 실향민들

이웃끼리 돈을 빌리는데 이자를 주고받거나 서로 간에 서류를 주고받는 법이 없이 살아왔던 근대식 북한에서, 남한에 내려와 소위 사업을 한답시고 〈모란각〉을 차린 이후 그이는 남에게 거저 뜯긴 돈이 10억, 서류라고 만들었지만 역시 뜯기고 만 돈이 10억, 또한 번연히 눈뜨고 사기 당한 돈이 몇 10억 하는 식으로, 현대식 남한에서 살아남기 위해서는 참으로 엄청난 수업료를 문 셈이었다. 전국의 대도시에는 거의 〈모란각〉 지점을 둔 소위 프랜차이즈사업의 회장인 그이는 정작 전셋집에 10년 가까이 된 승용차가 재산의 전부라면서 빙긋 웃었다.

"내레 니북에서 내레올 때 달랑 옷 한 벌 가지고 왔수다."

〈모란각〉의 주 메뉴는 역시 평양냉면과 비빔냉면이다. 바로 이 평양냉면 한 그릇을 먹기 위하여 칠팔순의 실향민들은 노구를 이끌고 허위허위 〈모란각〉까지 찾아온다. 그이들이 먹는 평양냉면의 맛이 어찌 냉면 맛에서 끝나겠는가. 살아생전에는 밟아 보지 못할 것만 같은 고향 그 자체의 맛, 스무 살 혹은 미처 스무 살도 못 되어 떠나온 후 어느 한 번이라도 눈에 밟히지 않은 적이 없는 고향의 산과 들이며 거기에 아직도 살고 있는 부모형제들의 맛이 아니랴. 냉면에 이어 예부터 북한에 전해져 내려온 평양갈비온반, 뚝불고기, 털털이해장국, 명태식혜, 북한순대, 고구려갈비찜 등 다른 곳에서는 맛볼 수 없는 〈모란각〉 특유의 메뉴들이 별로 비싸지 않은 값으로 담백한 맛을 자랑하고 있다.

온통 나비로 장식한 〈나비공간〉

지하철 3호선 원당역에서 의정부와 벽제 방향으로 39번 국도를 따라 5분쯤 차를 달리면 낙타고개 못 미쳐 바로 국도변에 〈나비공간〉(031-968-0742)이라는 이색적인 카페가 있다. 〈나비공간〉은 이름 그대로 실내가 온통 나비로 뒤덮이다시피 하여 환상적인 분위기를 연출하고 있다. 직업이 아예 나비 수집가인 정영운 씨와 박은자 씨 부부가 1998년에 연 〈나비공간〉은 정영운 씨가 고등학교부터 시작하여 중년에 이르기까지 나비 수집에만 30년을 바친 대가를 이곳에 다 모아 놓은 셈이다.

카페 〈나비공간〉의 내부를 장식한 나비들만도 수백 마리가 넘을 터인데, 커튼, 벽시계, 테이블, 액자에서부터 심지어는 창에 드리운 커튼에까지도 온통 나비로 장식되어 있다. 그런가 하면, 카페 옆에 다른 건물에 있는 나비전시관에는 임페리얼호랑나비, 부타이티스, 골리아스, 파라다이어호랑나비, 파필리아, 메리디오나리스, 버드윙, 부엉이나비, 나뭇잎나비 등 세계 희귀나비 700여 종에 무려 5,000마리가 넘는 세계 각국의 나비들이 전시되어 있다. 또 한 뜰 한쪽에는 나비 사육장이 있어 직접 나비들을 기르기도 하는데, 4월에서 9월까지는 언제라도 관람을 할 수 있어 알에서 애벌레가 되고 다시 번데기가 되어 이윽고 나비로 날아오르기까지 전 과정을 살필 수가 있다.

문득 사는 일이 허방이라도 짚듯 사람을 휘청거리게 하거나 사람살이의 모든 관계가 부질없어지는 이라면 한 번쯤 〈나비공간〉에 찾아와 나비가 연출해 내는 환상의 시간 속에 빠져 보는 것은 어떨까. 일찍이 장자(莊子)가 갈파하지 않았으랴.

"내가 꿈속에서 나비가 되어 날아다니는 꿈을

꾸었으되, 꿈속의 나비가 나인 것인가, 아니면 내가 나비의 꿈속에 들어간 것인가."

그렇듯 나비가 연출해 내는 환상의 시간에 빠져 라벤더차나 페퍼민트차를 마시며 무심코 자신의 진정한 모습을 발견한다면, 장자가 어디 따로 있으랴.

비단 혼자서가 아니라 오랜만에 만난 이와 함께 〈나비공간〉의 시간을 좀 더 감미롭게 간직하고 싶은 이라면, 〈나비공간〉이 자랑스럽게 내세우는 일본식 스테이크 오븐구이에 와인을 곁들이며 저녁 한때를 지내는 것도 무방할 터이다. 〈나비공간〉에는 나비공간 정식에서부터 피자, 돈가스 같은 양식과 커피며 레몬차, 솔잎차며 꿀대추차, 국화차며 각종 주스에 파티니, 블랙러시안, 칼루아밀크 같은 칵테일에 이르기까지 다양한 메뉴를 준비하고 있다. 이밖에도 나비를 이용한 상품을 개발하여 나비향수며 나비브로치에서부터 귀걸이며 핸드폰걸이, 열쇠고리 등을 판매하기도 한다.

'분당음식'의 자존심

    1980년대 말 노태우정권이 수도권 4대 신도시계획을 발표하기 전까지만 해도, 성남에서 수원 가는 사이의 도로변에 있는 분당이라는 지명을 아는 이들은 거의 없었을 것이다. 서쪽으로는 경부고속도로가 치달리고 동쪽으로는 불곡산 산자락이 막아서서 남북으로만 협곡 비슷하게 길게 펼쳐진 보잘것없는 들판은, 그러나 신도시계획이 발표되면서 급기야 황금알을 낳는 거위로 변하여 하루아침에 사람들의 입방아에 오르내리게 되었다.

    1990년대 초에 이르러 거대한 아파트단지로 제 모습을 드러내기 시작하면서부터 분당은 황금알을 낳는 거위로서의 맡은바 역할을 충실히 해냈다. 수도권 4대 신도시 중에서도 서울이라기보다는 강남의 위성도시 비슷한 중산층 주거공간의 이미지를 형성하면서, 주로 강남지역에 사는 비교적 경제적 여유가 있는 이들이 너도나도 분당으로 몰려들기 시작한 것이었다. 이를테면 강남에 살던 이가 20평, 30평대의 아파트를 팔아서 분당에 오면 40평이나 50평대의 아파트를 마련하고도 돈이 남아, 여분으로 중형 자가용에다가 골프 같은 레저용품까지 장만할 수 있었다.

인구 40만 넘지만 자족도시로는 미흡

흔히 도시의 현상을 공부하는 이들은 위성도시가 그 어미도시로부터 단순하게 인구나 기능을 나누어 갖는 데 그치지 않고 스스로 충족되는 도시의 기능을 갖는 자족도시로 발전하려면 그 어미도시와 어느 정도 거리가 떨어져 있어야 한다고 말한다. 그런 식이라면 고속도로나 고속화도로를 이용하여 불과 10여 분 만에 오고갈 수 있는 강남과 분당은 서로 가까워도 너무 가까운 셈이다. 실제의 거리가 그럴진대 그 어미와 자식 사이의 문화적 거리는 어떠하랴. 비록 잠은 분당에서 자지만 그밖에 먹고 마시고 입고 노는 일체의 문화 행위는 강남과 한 치의 오차도 없으리만큼 분당은 강남의 판박이였다.

분당은 지역의 특성에 있어서도 일산이나 평촌 같은 다른 신도시들과 달리, 강남 이외에는 주변에 서로 문화를 교류할 수 있는 전통적인 자연부락 따위가 전혀 존재하지 않는 고립된 공간 안에 갇힌 셈이다.

경부고속도로와 험준한 불곡산 자락에 동서로 옥죄인 채 남북으로 뻗은 일종의 호로병 형상에 갇힌 분당은 애오라지 강남 한 곳으로만 숨통이 트여 있는 것이다. 어쩌면 이러한 분당 특유의 공간적 폐쇄성이 문화적 폐쇄성에도 한 몫 단단히 거들고 있는지도 모른다.

기실 분당은 행정적으로는 성남시의 일개 구에 불과하다. 그렇듯이 행정상으로는 분명히 성남이 분당의 어미도시이다. 분당은 서울 방향 이외에도 용인이나 수원에서 분당을 관통하여 성남으로 빠지는 도로가 있지만, 분당 사람들 치고 행정상의 어미도시에 대한 문화적 취향 때문에 이 길을 찾는 이들은 거의 없을 터이다.

도대체 성남은 어떻게 태어난 도시인가. 일찍이 1960년대 말 '불도저시장'이라고 불리던 김현옥 서울시장이 무허가 판잣집 18만 채 중에서 우선 미관상 가장 볼썽사납던 청계천 일대의 판잣집들을 막무가내로 헐어 낸 다음 바로 그들을 몰아붙여 대규모 단지를 조성하면서 만들어 낸 도시가 아닌가. 분당 사람들로서는 그런 성남을 어미도시로서 인정하기가 어쩐지 껄끄러운 기분인 것이다.

강남의 판박이…… 고유 음식문화 없어

신도시로서 입주가 거의 완료된 분당은 자체만으로도 이제 인구 40만을 넘나드는 그야말로 큰 도시가 되어 있다. 그런 큰 도시가 자족도시로서의 문화나 사회적 기능이 전무하다면, 어쩔 수 없이 괴물스러울 수밖에 없을 터이다. 그런 괴물스러운 모습은 음식문화 또한 예외는 아니다.

인구 40만의 도시에서 나름대로의 특성이 살아 있는 음식문화는 아예 없는 것처럼 보인다. 새마을연수원 입구의 먹자골목, 야탑동 일대의 먹자골목, 서현동 삼성플라자 일대의 먹자골목, 정자동 일대의 먹자골목, 효자촌 일대의 먹자골목……. 어디를 둘러보아도 이것이다, 하고 내보일 만한 분당만의 특색 있는 음식은 보이지 않는다.

애오라지 보이는 것은 분당점이라는 분당만의 희한한 간판이다. 고마다래 분당점, 정성본샤브스끼 분당점, 하야미 분당점, 사누키보레 분당점, 미다래 분당점, 아이스배리 분당점, 무교서린낙지 분당점, 암사해물탕 분당점, 예닮골 분당점, 참치명가 분당점, 천하일품 분당점, 부뚜막왕뚜껑 분당점, 놀부보쌈 분당점, 명동칼국수 분당점, 동경샤브샤브 분당점, 만다린 분당점에서부터 이화주막 분당점, 사발에 술내리고 분당점, 밀밭 사이로 분당점을 거쳐 틈새라면이라는 분식집에 이르기까지 거의 대부분이 어미도시에서 유명한 음식점들의 분당점이란 간판을 달고 있다. 이를테면 음식문화 또한 철저하게 강남이라는 어미도시를 향한 자식도시로서의 역할에 충실한 셈인 것이다.

분당점 일색의 자식도시 분당에서 당당하게 분당 본점이라는 간판을 내건 음식점을 발견한다는 것은 어쩔 수 없이 감격스러운 일일 수밖에 없다. 정자동에 있는 〈육남매 전주영양돌솥밥전문점〉(031-713-9777) 분당본점의 주인 되는 이는 신기종 씨인데, 재미있는 것은 육남매라는 상호 그대로 신씨 일가의 육남매가 모두 돌솥밥전문점을 운영하고 있다는 점이다.

1994년 정자동 먹자골목 초창기에 〈전주영양돌솥밥전문점〉이라는 상호를 전국에서 처음으로 내걸고 식당을 시작한 육남매 중의 둘째 신기종 씨를 비롯해서, 첫째 신기원 씨가 서현동 분당중앙교회 옆에 1995년 같은 상호의 식당을 내고, 셋째 신기현 씨 역시 1995년에 분당 건너편에 있는 수지의 상현지구에 같은 상호의 식당을 내고, 넷째 신승희 씨 역시 1995년에 야탑동 지하철 야탑역의 1번 출구 관보빌딩 뒤에 있는 먹자골목에 같은 상호의 식당을 내고, 다섯째 신정희 씨가 1997년에 수내동에 같은 상호로 식당을 내고, 여섯째 신기천 씨가 약간 늦은 1998년에 그동안 다니던 LG산전을 그만 두면서 같은 상호의 식당을 낸 식이다.

육남매 모두 같은 상호로 전문점 운영

이들 신씨 일가가 모두 〈육남매 전주영양돌솥밥전문점〉이라는 상호로 식당을 하게 된 것은 무엇보다도 맨 처음 정자동에 돌솥밥 전문점을 차린 둘째 신기종 씨의 예상외의 성공이 디딤돌이 되었다. 신기종 씨의 부인 최순애 씨는 원래 전주 출신으로 솜씨가 남달라서 일찍이 한식조리사 자격증까지 땄는데, 최순애 씨의 솜씨에다가 전통 전주비빔밥의 특색을 살려 낸 영양돌솥밥이 손님들의 입맛에 맞아 호황을 이루자, 이에 고무된 신기종 씨가 형제들을 불러 분당 일대에 신씨 일가의 음식왕국을 이룩한 것이다.

〈육남매 전주영양돌솥밥전문점〉의 주된 메뉴는 역시 7,000원짜리 전주영양돌솥밥이다. 전북 장수에서 나는 곱돌 돌솥에 전북 부안에서 생산된 쌀과 완두콩, 검정콩, 은행, 고구마를 섞어 밥을 해 낸 다음에 달걀노른자를 고명으로 얹어 내

는데, 여느 돌솥밥처럼 다른 비빔 그릇에 밥을 퍼내 야채와 함께 비벼먹고 누룽지는 뜨거운 물을 부어 놓았다가 식사를 끝낸 후에 입가심으로 개운하게 훌훌 먹는 식이다. 이 집에서 비빔용으로 나오는 야채로는 상추겉절이, 돈나물, 콩나물이 있

는데, 이 중에서 상추겉절이가 양념장과 함께 결코 육남매 외의 다른 돌솥밥 집에서는 흉내 낼 수 없는 비법이 있는 모양이다.

적당한 크기로 손으로 일일이 찢은 상추에 영양부추와 참나물을 넣고 새콤한 소스로 버무리는데, 이 상추겉절이를 돈나물과 콩나물을 넣어서 고명으로 얹은 달걀노른자에 스윽스윽 비벼 한 입 가득히 넣으면 세 가지 야채의 향기가 오래 남는다. 만일 야채가 부족하다 싶으면 밑반찬으로 나오는 무시래기무침, 취나물무침, 유채나물, 도라지, 연근, 느타리나물 등을 더 넣고 비벼도 좋다. 곁들여서 된장국과 조기구이도 나오는데 조기는 비록 씨알은 적지만 맛은 빼어나서 돌솥밥을 비벼먹는 틈틈이 입맛을 바꾸는 데는 부족함이 없다. 이밖에도 전주영양돌솥밥에 불고기버섯전골을 곁들인 육남매정식(1만 2,000원)이 있는데, 정다운 이와 더불어 식사와 술을 겸하는 데는 이것으로 넉넉할 터이다.

성남에서 분당으로 들어오는 야탑동 초입 여수동에 몇몇 갈매기살집들이 있다. 원래 분당이 생기기 전 광주군 돌마면에 속했던 여수동은 여수동이라는 마을 이름보다는 갈매기마을로 더욱 유명하여 자연부락 형태의 30여 집이 모두 갈매기살 전문집을 할 정도였다. 이렇듯 여수동이 갈매기마을이 된 것은

다름 아닌, 마을에 있는 도축장 시설 때문이었다. 이 도축장에서 부위별로 육가공 되는 돼지고기 부속물 중에 전혀 돼지고기 같지 않게 맛이 뛰어난 갈매기살만 한 부위만을 메뉴로 하여 식당을 차린 것이 전국에서도 유명한 여수갈매기마을로 발전한 것이었다. 그 후 분당이 개발되면서 여수동은 대부분 분당으로 편입되는 과정에서 도축장은 물론 갈매기마을도 태반이 사라져 버렸지만, 다행히 네댓 집이 남아 갈매기마을의 명맥을 유지하고 있다.

한때 30여 곳 성업…… 네댓 집만 명맥 유지

〈유명갈매기〉(031-752-2393)는 여수동 갈매기마을의 원조답게 옛날부터 내려오는 터전에서 오로지 갈매기살 메뉴 하나만을 고집하며 전통을 지켜오고 있다. 유명갈매기는 주인이 셋인데, 서로 형제 사이로 맏형 김성웅 씨를 위시해서 김선호, 김선이 씨 세 형제가 오순도순 식당을 꾸려간다. 갈매기살은 손님 취향에 따라 생갈매기살과 양념갈매기살로 나누어져 값은 모두 1인분에 9,000원으로 같은데, 맛은 맛대로 뛰어나지만 돼지고기 한 마리에서 나오는 갈매기가 통째로 나오는 양 또한 푸짐하다.

숯불에 굽는 갈매기살은 유명갈매기에서 만들어 낸 깻잎전병에 싸먹는 맛이 일품이다. 깻잎 위에 얇게 저미듯 둥글게 썬 무를 얹어, 깻잎과 무를 한 켜씩 정성스럽게 쌓은 다음에 새콤달콤한 소스를 뿌린 것이 깻잎전병이다. 이 깻잎전병에 참기름을 묻힌 갈매기살을 얹고, 마늘과 고추를 된장에 찍고, 파무침으로 마무리한 다음에 한 입 가득히 넣으면, 입 안에서 어우러지는 맛의 조화가 가히 절묘하다. 이밖에도 달리 상추며 깻잎, 고구마, 당근, 순무 같은 여러 야채들이 넉넉하게 나오는데, 야채들은 겨울 한 철을 뺀 나머지 세 철에는 집 뒤의 드넓은 텃밭에서 직접 기른 것으로 내고 있다. 여기에 얼음을 동동 띄워 나오는 시원한 동치미 또한 빼놓을 수 없다. 갈매기살과 술 몇 잔으로 배를 불리고 나오면 넓은 정원 가득히 매화나무, 살구나무, 배나무, 복숭아나무, 자두나무, 감나무, 밤나무 등 갖가지 유실수들이 제철마다 환하게 꽃을 매달고 있어 덤으로 꽃구경도 할 수 있다.

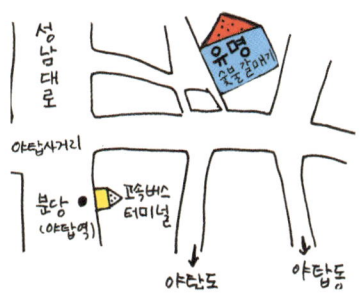

"갈매기살은 가짜 없다"

돼지고기의 횡격막에 붙은 갈매기살은 돼지고기 한 마리에서 불과 300그램에서 500그램 정도밖에 나오지 않는 희소 부위다. 이를 아는 어떤 이들은 더러 갈매기살이 가짜가 아닌가 하고 의심도 하는 모양이다. 〈유명갈매기〉의 사장 김선웅 씨는 어렸을 때부터 선친에게서 물려받은 전문적인 지식으로 그런 의심을 명쾌하게 풀어냈다. 그이의 말에 따르면 전국의 도축장 80여 곳에서 하루에 도축하는 돼지들의 마릿수가 적게 잡아 500마리에서 많게는 2,000

마리에 이르는데 1,000마리를 평균으로 해도 8만 마리라는 것이다.

이 8만 마리에서 나오는 갈매기살은 합계가 모두 32톤에 이르는데, 대부분의 식당에서는 갈매기살을 다른 부위와 함께 팔 뿐 갈매기살만을 전문으로 파는 집은 전국적으로 따져도 불과 몇 군데 되지 않는다는 것이다.

이를테면 물량이 얼마든지 남아돌아 갈매기살에 가짜를 쓸 이유가 없으니 안심하고 갈매기살의 쫀쫀하고 고소한 맛을 얼마든지 즐기라는 것이다.

모란시장의 먹을거리

돼지 부속물 '장터 뷔페'

지금 50~60쯤의 나이에 접어든 이들이라면, 1960년대 무렵의 초등학교 국어 교과서에 실린 삽화 한 장면을 아직 기억하고 있을지 모른다. 몇 학년 국어 교과서인지조차 까마득히 잊었지만, 5일장이 선 시골장터에서 중년의 사내가 눈보라를 맞으며 하염없이 서 있는 삽화이다. 삽화 속 사내는 눈보라를 맞으면서 어머니를 기리고 있는 중이다. 어머니는 오랫동안 바로 5일장을 돌며 비가 오나 눈이 오나 하루도 빠짐없이 난장에서 보따리 장사를 하여 아들을 대학까지 공부시킨다. 그리고 미처 아들의 성공도 보지 못한 채 세상을 뜨고, 아들은 그런 어머니를 기려 난장에 서서 온몸으로 눈보라를 맞고 있다는 줄거리다.

닷새마다 돌아오는 어른·아이 모두의 축제

그 중년 사내의 삽화가 나에게 언제까지라도 잊혀지지 않는 것은, 사내야말로 나와 한 치도 틀림없는 자화상이기 때문이다. 〈아름다운 얼굴〉이라는 자전적인 작품에는 내가 어린 시절을 보낸 시골장터의 풍경이 나온다.

우리 식구는 모두 장돌뱅이였던 셈이다. 어머니는 어물전의 한 귀퉁이에서 길바닥에 거적때기를 깔고 그 위에 역시 거적때기만한 차일을 친 채, 김이며 미역, 멸치, 마른 새우 등의 해산물을 팔았다. 내가 갓난아이였을 때는 어머니의 등에 업혀서 해종일 어머니와 함께 장날을 보냈지만, 조금 커서 네댓 살이 되었을 때만 해도 어머니의 등을 벗어나 다른 아이들과 함께 장돌뱅이가 되어 장터를 헤집고 다녔다.

장돌뱅이에게 있어서, 닷새마다 한 번씩 돌아오는 장날이란, 어른 아이 막론하고 축제일 수밖에 없었다. 장날이 돌아오는 나흘 내내 기껏해야 휴지 나부랭이나 회오리바람에 날리곤 하던 쓸쓸한 빈터와 기둥만 앙상하던 빈 가게들이, 장날이 되면 하루아침에 갑자기 사람들이 들끓는 싸전이며 어물전, 포목전, 유기전, 옹기전, 잡화점 등으로 변하고, 노점 음식점들마다 돼지머리와 순대가 산더미처럼 쌓이거나 가마솥이 넘치도록 팥죽이 끓어 대는 요술 같은 일이 벌어지는 것이었다. 그런 축제의 분위기 속에서 장돌뱅이들은, 어른들은 어른들대로 목이 쉬도록 시골 사람들을 불러 하루 벌어 닷새를 먹고 살 돈을 마련하고, 아이들은 아이들대로 장터의 이곳저곳을 헤집고 다니면서 물건을 훔치거나 아니면 혹시 길에 떨어진 동전 한 닢이라도 줍기 위해 해종일 악머구리 끓듯 해 댔다.

　어린 장돌뱅이의 벌이는 그다지 신통하지 못했다. 기껏해야 싸전 근방을 기웃거리며 기회를 엿보다가 어른들의 다리 틈으로 쌀을 한 주먹씩 훔쳐 내어 주머니를 가득 채울 수만 있다면 그것으로 만족이었다. 되밀이꾼에게 들켜서 되밀이로 얻어맞거나, '이 문댕이 새끼, 손모가지를 꽉 짤라불기 전에 쌀 못 놔?' '아이고, 전 어떤 장돌뱅이년 구녕에서 나온 새끼여?' 하는 시골 아낙네들의 막된 욕지거리야 다반사였고, 조금도 개의할 바가 아니었다. 어린 장돌뱅이들은 저만큼 도망치면서 '히잇, 니에미 X이다아' 하고 대거리를 해 대는 것으로 그만이었다.

　어린 장돌뱅이에서 50여 년이 훌쩍 지나버린 나이에 이르러서도, 어쩌다 5일장에만 가면 나는 장터 특유의 축제 분위기에 사로잡혀 자신도 모르게 흥분하고 만다. 그리하여 몇 시간이고 좋이 장터의 이곳저곳을 기웃거리며 돌아다닌다. 그러면서 나 또한 어쩔 수 없이 아들에게 한만을 잔뜩 남기고 세상을 떠난 어머니를 기리기도 한다.

　수도권 일대에 조선조부터 유명한 5일장으로는 광주의 사평장, 송파장, 안성의 읍내장, 교하의 공릉장이 있었지만, 지금은 모두 빛이 바랬다. 대신에 내가 즐겨 찾는 5일장은 성남 모란장이다. 평소에는 주차장으로 사용하다가 4일과 9일, 14일과 19일, 24일과 29일, 이렇게 5일 간격으로 장이 열리는 모란장은 우선 3,000평이 넘는 넓은 장터여서 볼거리나 먹을거리가 많기도 하지만, 서울에서 지척이면서도 기이하게 전혀 도회지의 때가 묻지 않은 시골장터의 분위기를 그대로 간직하고 있다. 아니, 좀 더 자세하게 들여다보면, 그런 시골

장터의 분위기 속에는 누군가에게 결코 길들여지지 않는 야생의 들짐승 혹은 모질게 살아남는 여름 한낮의 잡초 같은 거친 생명력이 깔려 있다. 거친 생명력은 자칫 수상쩍은 기운마저 감돌 정도이다.

이를테면 어디 한군데 제대로 정착하지 못한 채 집안의 우환노릇이나 하면서 거느릴 가족도 없이 여기저기 떠돌아다니는 역마살의 작은 아버지나 외심촌 같은 느낌이 없지 않다. 어딘지 모르게 불온하고 어수룩하면서도 한편으로는 어쩔 수 없이 살붙이의 정이 가는 식이다. 그런 모란장의 분위기는 어쩌면 성남시 자체에서 태생적으로 연유하는 것인지도 모른다.

도회지의 때 묻지 않은 시골장터 분위기

도대체 성남이 어떻게 만들어진 도시인가. 1960년대에 박정희식 값싼 노동력 위주의 경제개발에 희생되어 실농한 농민들이 무작정 서울로 올라와 청계천 등지에 무허가 판잣집을 짓고 살다가, 판잣집에서도 더 이상 버터내지 못한 채 이번에는 철거민이 되어 광주시 중부면의 허허벌판으로 내몰려 만든 소위 광주대단지의 '달나라 별나라'가 시초 아니던가.

먹고 살 아무런 대책도 없이 그저 나라에서 준다는 20평의 땅에 혹하여 지금의 은행동 일대에 '달나라 별나라'를 만들고, 더 이상 먹을 것이 없어 눈이 뒤집힌 임산부가 자신이 낳은 아이를 삶아먹는 파천황의 굶주림 끝에, 마침내 '광주폭동'을 일으킨 비극의 땅이 아니던가.

'광주폭동'은 작가 윤흥길 씨에 의해 〈아홉 켤레의 구두로 남은 사내〉라는 작품으로 재현되었다. 이 작품에는 안동 권씨에 대학까지 나와 출판사 직원으로 근무하다가 오로지 내 집을 마련해 보겠다는 일념으로 광주단지에 까지 오게 된 주인공이 주로 철거민들을 중심으로 한 데모대를 피해 도망치다가 자칫 데모대의 물결에 휩쓸려 들게 되는 과정이 생생하게 묘사되어 있다.

빗속에서 사람들이 경찰하고 한참 대결하는 중이었죠. 최루탄에 투석으로 맞서고 있었어요. 그런데 잠시 지켜보고 있는 사이에 장면이 휘까닥 바뀌져 버립디다. 삼륜차 한 대가 어쩌다 길을 잘못 들어가지고는 그만 소용돌이 속에 파묻힌 거예요.

데볼 피해 빠져나갈 방도를 찾느라고 요리조리 함부로 대가리를 디밀다가 그만 뒤집혀서 빌렁 나자빠져 버렸어요. 누렇게 익은 참외가 와그르르 쏟아지더니 길바닥으로 구릅디다. 경찰을 상대하던 군중이 돌멩이질을 딱 멈추더니 참외 쪽으로 벌떼처럼 달라붙습디다. 한 차분이나 되는 참외가 눈 깜짝할 새 동이 나버립디다. 진흙탕에 떨어진 것까지 주워서는 어적어적 깨물어 먹는 거예요. 먹는 그 자체는 결코 아름다운 장면이 못되었어요. 다만 그런 속에서도 그걸 다투어 주워 먹도록 밑에서 떠받치는 그 무엇이 그저 무시무시하게 절실할 뿐이었죠. 이건 정말 나체화구나 하는 느낌이 처음으로 가슴에 팍 부딪쳐 옵디다. 나체화를 확인한 이상 그 사람들하곤 종류가 다르다고 주장해 나온 근거가 별안간 흐려지는 기분이 듭디다. 내가 맑은 정신으로 나를 의식할 수 있었던 것은 거기까지가 전부였습니다.

농·공·축·수산물 없는 게 없는 만물상

'나체화'의 성남시가 2004년 12월 말 현재 97만 명을 넘어 100만 명이라는 초읽기에 들어간, 나라 안에서도 몇 손가락 안에 꼽히는 대도시가 되었다. 만일 그대가 '아홉 켤레의 구두로 남은 사내'를 만나고 싶다면, 그리하여 그대 또한 아직도 생생하게 살아있는 '나체화'를 느끼고 싶다면, 그대는 지금 당장 모란장으로 오라. 모란장 어디에서건 그대는 너무 쉽게 아홉 켤레의 사내와 나체화를 만나게 될 터이다. 만일 그대가 설 명절을 맞아도 돌아갈 고향이며 가족이 없는 떠돌이라면, 더더욱 망설이지 말고 모란장으로 오라. 와서 그대 또한 기꺼이 벌거벗은 채 나체화 속으로 들어가라.

지하철 8호선과 분당선이 만나는 모란역에서 5번 출구를 나와 20미터 쯤 걸으면 길쭉한 직사각형 형태의 모란장 입구가 보인다. 성남이나 분당행 시내버스를 타서 모란역에서 내려도 마찬가지다. 또한 모란역 곁에는 시외버스 정류장이 있어서 전국의 어디에서건 성남행 시외버스를 타도 마찬가지다.

모란장 입구라고 해서 딱히 무슨 표지판이 있는 것이 아니다. 각종 꽃이며 난이나 동백꽃 같은 화분을 길바닥에 늘어놓은 꽃전이 입구인 셈인데, 꽃전을 지나면 쌀이며 보리, 콩, 조, 수수, 율무 같은 갖가지 잡곡을 파는 잡곡전이 나오고, 당귀며 황기, 인삼, 감초 같은 약초에서부터 지네며 뱀, 심지어 굼벵이까지 파는 약초전이 나오고, 할머니들의 고쟁이 같은 내복에서부터 누비옷이며, 버선, 양말, 양장, 신사복, 점퍼 등을 파는 의류전, 신발전, 고등어, 갈치, 대구, 새우, 꽁치, 삼치, 굴, 동태에서 아구며 가오리 등 온갖 생선을 파는 생선전, 무며 배추, 상추, 시금치에서 사과, 배, 바나나, 곶감, 귤을 파는 야채전을 지나면 드디어 먹을거리를 파는 음식전이 시작된다. 아니, 잠깐만 음식전을 모른 척 지나치자. 음식전 옆에는 활어전이 있는데, 주로 붕어며 잉어, 누치, 가물치, 장어,

새우, 자라, 미꾸라지 등 살아 있는 민물고기들이 펄떡펄떡거리고 있다. 활어전을 지나면 고추전이 나오고 다음에는 우리나라에서 가장 값이 싸서 1만 원에서 2만 원짜리도 있다는 각종 강아지를 파는 애견전이 나오는데, 장터의 맨 끝에는 흑염소며 닭, 오리, 토끼, 고양이 등을 파는 가금전이 있다.

모란장을 대강 둘러보았으면, 다시 먹을거리를 파는 음식전으로 돌아가자. 젊은 남정네가 아내며 어린아이들과 나란히 앉아 있거나, 늙은이 내외가 둘이서 사이좋게 주거니 받거니 하는 음식전에는 팥죽이며 호박죽이 양은솥 안에서 뜨거운 김을 내뿜으며 팔팔 끓고, 왕만두, 만둣국, 팥국수, 장터국수, 잔치국수, 칼국수 등이 산더미로 쌓여 있다. 그것들이 모두 2,000원에서 3,000원 안팎이다. 그런가 하면 옆에서는 가오리찜, 순대국밥, 손만두, 소라, 홍합, 돼지허파, 코다리찜, 돼지머리고기, 문어, 주꾸미, 새우 등이 역시 산더미로 쌓여 있다. 두 사람이 먹어도 넉넉할 양의 한 접시가 각각 5,000원이다.

문득 가까운 어디선가 굿판이라도 벌어진 듯 둥둥 울리는 북소리와 함께 쇳내 나는 목청으로 누군가가 신명지게 품바타령을 불러 대고 있다. 소리 나는 곳을 찾아가면, 만장한 구경꾼들 한 가운데에서 엿장수의 놀이판이 벌어져 있다. 그렇듯 엿장수의 놀이판 주변으로는 뷔페 중에서도 희한한 쌍방울뷔페의 〈원주민촌〉, 〈무진장집〉, 〈대박집〉, 〈왕눈이〉, 〈막썰어집〉, 〈고향집〉, 〈은영네 대포집〉 등이 눈에 띤다. 쌍방울이란 돼지 불알을 일컫는 말로, 바로 돼지부속 고깃집들이다.

음식도 가지가지 입맛대로 골라 포식

이 돼지부속 고깃집들은 부속의 종류에 따라 값이 다르다. 아니, 정확히 말하자면 손님의 양에 따라서 얼마를 먹든지 간에 고기 값은 무료이고, 술값만이 다르다.

이를테면 소주 한 병에 3,000원, 동동주 한 잔에 1,500원인 〈돼지 잡는 날〉에서는 이곳에서 도래기름이라고 부르는 이자와 지라, 콩팥, 염통 등의 돼지부속이 나오고, 소주 한 병에 5,000원인 〈쌍둥이네〉에서는 지라며 콩팥, 염통 이외에도 돼지껍데기며 생고기, 새끼보, 불알 등이 더 나온다. 이렇듯 모든 돼지 부속물들이 기다란 철판 위에서 구워지고 있으면, 손님들은 술이 떨어지지 않는 한 이리저리

철판을 옮겨 다니며 얼마든지 포식할 수 있다.

뿐이랴, 바로 쌍방울뷔페 옆에는 내가 빠질 수 있냐는 듯이 왕새우구이, 민물장어, 꽁치구이, 청어구이, 꼼장어에 버섯삼겹살이며 메추리구이, 닭발, 닭똥집, 두부김치 등을 파는 〈명희네〉며 〈옛사랑집〉이 있다. 거기서 잠깐 눈을 돌리면, 커다란 가마솥에서 솔솔 단내를 풍기며 가득히 보신탕이 끓고 있는 〈은영이네 가마솥 보신탕〉이 있다.

그러나 이 보신탕은 장터 반대편 〈영남흑염소〉 건물 주변이 대여섯 집들이 차일을 잇댄 채 줄지어 서 있다. 보신탕은 보통이 8,000원, 특이 1만 원이다.

만일 그대가 여기까지 모란장을 돌아보았다면, 자신도 모르는 사이에 그대 또한 성남이라는 사연 많은 도시의 나체화 속으로 껴들어 있는 것을 알아챌지도 모른다. 그대가 낯선 사내들과 어깨를 나란히 한 채 지라 한 점을 안주로 한 병에 3,000원짜리 소주를 목 안에 깊이 털어 넣을 때, 아니면 엿장수들의 음담패설에 금방이라도 숨이 넘어갈 듯 자지러지는 칠순 노파 옆에서 그대 또한 키득키득 웃어 댈 때, 그대는 이미 그만큼 불온하면서도 어수룩한 살붙이의 정을 느끼며 그들과 함께 한 폭의 나체화를 만들고 있으리라.

인천의 음식특화거리

1980년대 초였다. 30대 중반으로 나이가 어슷비슷한 문인들 다섯 명이 소문 없이 작은 모임을 만들었다. 한 달에 한 번 번갈아 서로 살고 있는 곳을 찾아가 하루를 지내며 즐겁게 먹고 마시는 모임이었다. 마침 살고 있는 곳이 저마다 달라 찾아다니며 놀기에는 적격이어서, 선인(先人)들이 흔히 즐기던 세족(洗足)의 분위기를 본 뜬 느낌이 없지 않았다.

이제 와서 구태여 면면을 밝히기가 어딘지 모르게 쑥스럽지만, 문학평론가 최원식이 인천에, 소설가 김성동이 대전에, 시인 이동순이 청주에, 시인 이시영이 서울에 그리고 나는 경기도 팔탄의 월문리라는 곳에 거처를 마련하고 있었다. 소문 없는 작은 모임이지만 이름도 없지 않아 명이회(明夷會)였다. 명이는 지혜로운 최원식이 주역의 64괘 중 지화명이(地火明夷)란 괘에서 따온 이름이었는데, 한 마디로 암흑시대를 뜻하는 괘였다. 아니, 암흑시대라기보다는 어떻게 하면 암흑시대를 슬기롭게 살아남을까를 가르치는 괘라고 해도 좋았다.

명이괘는 태양이 지하에 잠겨 암흑이 오는 상(象)이며, 성인(聖人)의 밝은 덕이 지하에 묻히는 상이기도 했다. 또한 암군(暗君)이 위에 있어 지혜로운 현인들이 상하고 해를 입는 암군시대이기도 했다. 그리하여 이 시대에는 어떤 가난노고가 닥치더라도 애오라지 바른 도를 굳게 지켜, 결코 경거망동하는 일이 없기를 가르치고 있었다.

비단 지혜로운 최원식 뿐만 아니라 나머지 네 명에게도, 전두환 씨가 대통령이 되어 서슬 푸르게 날뛰던 1980년대란, 글을 쓰는 일은 물론 제 정신을 지니고 하루하루 살아내기마저 힘든 암군시대가 분명하였다. 그랬다. 우리뿐만 아니라 이 땅의 지식인들에게는 광주에서의 참혹한 학살을 나 몰라라 한 채, 눈 감고, 귀 막고, 입에 재갈을 물려, 스스로 자폐증 환자가 되어 살아간다는 것은 그야말로 삶 자체가 치욕스러운 암군시대임에 분명하였다. 어쩌면 명이회란 한 달에 한 번 서로 얼굴을 맞대고 서로의 자폐증을 치유하고자 한 나름대로의 몸부림이었는지도 몰랐다.

20년 넘게 아구와 다른 생선인줄 알아

당시의 정황을 부연하기 위하여 부끄러움을 무릅쓰고 여기에 〈꽃 피는 봄날〉이라는 자작시 한 편을 인용하고 싶다.

어머니, 당신이 손수 물 주어 기르신 앵두나무, 사과나무, 배나무는 이 봄에도 어김없이 꽃을 피웠습니다. 밤이면 더욱 눈부신 저 꽃무더기들은, 어머니, 어찌 당신 혼자 오셔서 꽃 피우셨겠어요. 오늘밤 저렇게 많은 넋들이 함께 몰려와 잠든 자식을 깨워 눈부시게 할 때, 아직까지 미치지도 죽지도 않은 자식을, 어머니, 단 한 번만 기뻐해주세요.

명이회의 모임이 어언 최원식의 인천에 이르러, 그날도 우리 다섯 명은 인천의 여러 곳을 돌아다니며 먹고 마신 끝에 대취하였다. 그리고 새벽녘에 사람들이 웅성거리는 소리에 깨어 보니 최원식, 이시영, 나 이렇게 셋이서 무슨 은행건물의 계단에 쓰러져 자고 있는 것이었다. 아마도 다섯 중에서 김성동과 이동순이 어디에선가 먼저 떨어져 나가고 셋이서 다시 술집을 전전한 끝에 인사불성이 되어 은행건물의 계단을 베개 삼아 그대로 잠이 든 모양이었다. 마침 추위가 닥친 무렵이라 취중에서도 셋은 서로 몸을 꼭 껴안아 체온을 아끼는 자세였다. 그런 우리를 출근길에 나선 직장인들이며 학생들이 바쁜 걸음의 와중에도 멈추어 서서 힐끔거렸고, 몇몇 여학생들은 유리알 구르듯 명랑한 목소리로 깔깔깔, 드러내 놓고 웃음을 터뜨려 댔다. 우리로서는 어찌 일말의 자괴가 없을 수 있으랴.

최원식이 먼저 입을 열었다.

"사람이……. 이렇게까지 가면 안 되는데……."

이시영이 뒤를 이었다.

"갈 데까지 간 모양이여."

나도 한 마디 덧붙였다.

"그래도 앓던 이가 빠진 것처럼 가슴 한 쪽이 시원하기는 하네."

짧은 자괴 끝에 최원식이 말머리를 돌렸다.

"어디 가서 해장은 해야지?"

최원식이 골목길을 한참 헤매더니 마침내 허름한 음식점의 문을 밀치고 들어갔다. 그리고 처음 보는 기이한 생선매운탕으로 해장을 했다. 새벽까지 이어진 술 끝이어서, 해장을 하자마자 머릿속의 명정(酩酊)은 물론 뱃속의 욕지기도 다시 맹렬하게 살아 올라왔다. 그런 명정과 욕지기의 와중에서도 처음 대하는 생선매운탕의 맛이 참으로 시원하고 개운했다. 내가 생선 이름을 물어보자 최원식은 물텀벙이 하고 무심하게 대답했다.

그날 아침의 물텀벙이탕은 나의 기억 속에 무슨 꿈결에서처럼 아련하면서도 선명하게 그 맛이 각인되어 남았다. 그런 내가 물텀벙이가 아구에 대한 인천식 사투리라는 것을 알게 된 것은 불과 얼마 전이었다. 그동안 나는 물텀벙이와 아구를 전혀 종류가 다른 생선으로 잘못 알고 지낸 것이었다.

나로서는 20년이 훌쩍 넘도록 둘을 다르게 알고 있었다는 것이 숫제 불가사의할 지경이었다. 비록 인천은 아니지만 서울에서도 한 달에 두어 번 꼴로 즐겨 찾던 요리가 아구였던 것이다.

인하대학교 어름에 있는 용현동 네거리의 물텀벙이거리는 시쳇말로 음식특화거리의 하나이다. 인천에는 물텀벙이거리 외에도 화평동의 냉면거리, 인현동의 삼치거리, 차이나타운의 밴댕이회거리 등의 음식특화거리가 있는데, 인천시에서 10여 년 전부터 적잖은 관심을 기울이고 있는 모양이었다.

생김새 흉측해 연안부두의 천덕꾸러기

〈성진물텀벙〉은 오늘날 용현동 네거리의 물텀벙이거리가 있게 한 원조이다. 구관(032-883-6690)과 신관(032-883-1771)이 한 건물에 나란히 있는데, 1970년 1월 전병찬, 우금련 부부가 현재의 구관 자리에 비가 줄줄 새는 움막집을 월세로 얻어 인천에서는 처음으로 물텀벙이탕을 시작한 것이었다. 원래 신포동에서 왕대포집을 하다가 부부가 다 사람이 좋아서 외상만 잔뜩 주는 바람에 밑천까지 들어먹는 식으로 쫄딱 망하고, 우연히 물텀벙이에 생각이 돌아 까짓것하고 막가는 심정에서 시작한 물텀벙이탕이었다. 당시에 인천사람들은 물텀벙이 자체를 흉물스럽게 여겨 누구 하나 거들떠보지 않아, 그야말로 연안부두 바닥에 흔하게 굴러다니며 자칫 발에 거치적거리는 천덕꾸러기가 물텀벙이었다. 물텀벙이라는 이름 자체도 어부들이 아무짝에 쓸모없이 흉물스럽기만 한 고기가 그물에 걸리면 당장 작살로 찍어서 바다에 버렸는데, 텀벙 하고 물에 빠지는 소리를 그대로 이름 삼아 물텀벙이라고 부른 것이었다.

처음에는 물텀벙이탕을 작은 양은냄비 하나에 200원부터 시작하였는데, 무엇보다도 싸고 양이 많은데다가 막걸리에 곁들이는 술안주로는 그만이어서, 주로 연안부두의 부두 노동자들로부터 입소문이 퍼졌다. 급기야 입소문이 꼬리에 꼬리를 물고 퍼져 너나없이 사람들이 몰려드는 바람에 물텀벙이탕을 처음으로 시작한

이 벤처 부부는 3년 만에 움막집을 헐고 이층집을 지을 정도로 떼돈을 벌었다. 그러자 이 부부의 성공에 힘입어 용현동 네거리 일대에 하나 둘 물텀벙이탕 집들이 늘어나게 되고, 마침내 물텀벙이거리까지 이루게 되었다.

물텀벙이탕은 한 마리에 4~5킬로그램 나가는 큰 놈을 굵직굵직하게 잘라 바닥에 안치고, 미더덕이며 새우 같은 해물에 콩나물, 미나리, 쑥갓, 깻잎, 냉이, 목이버섯, 호박 등의 갖은 야채를 넣은 다

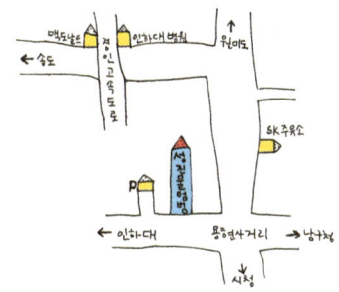

음에 번줄이라고 부르는 말린 밴댕이를 고와 낸 육수를 부어 끓여 내는데, 한 입 뜨자마자 그 시원하고 개운한 입맛은 20여 년 전의 어느 날 아침에 무슨 꿈결에서처럼 아련하면서도 선명하게 각인된 기억이 당장에 살아오는 듯한 기분이었다. 물텀벙이는 탕과 찜의 값이 같아 특대 4만 원, 대 3만 5,000원, 중 3만 원, 소 2만 5,000원인데, 특대며 대는 네댓 명이, 중은 서너 명이, 소는 두세 명이 족히 먹을 수 있는 양이다. 또한 탕과 찜은 각각 고기며 야채를 먹은 다음에 고소한 국물에 공깃밥을 볶아 먹거나 쫄면을 넣어 쫄깃한 면발을 즐길 수도 있다.

예나 지금이나 음식 인심 변함없어

동인천역 부근의 화평동 냉면거리는 철로의 굴다리에서 중앙시장 입구를 마주한 송월동 방면으로 들어오면서 시작된다. 소위 세숫대야냉면으로 더 알려진 냉면거리는 역시 인천시의 음식특화거리 중의 한 곳이다. 〈삼미소문난냉면〉, 〈웃터골냉면〉, 〈냉면천국〉, 〈화평냉면〉, 〈할머니냉면〉, 〈동그라미냉면〉, 〈일미냉면〉, 〈고향냉면〉, 〈옛날우리냉면〉, 〈아저씨냉면〉, 〈기와집냉면〉, 〈왔다냉면〉 등이 한꺼번에 몰려 있다.

〈삼미소문난냉면〉(032-777-4861)은 화평동에 소위 냉면거리가 있게 한 원조 격으로 알려졌다. 1980년 김중훈, 김현금 부부가 시작한 냉면집은 처음에는 백반도 함께 팔았는데, 둘 다 300원으로 값이 같았다.

동인천역 일대는 원래 동일방적, 이천전기, 대성목재, 동아제분, 대우중공업, 인천제철 등 큰 공장이 많아서 퇴근 무렵이면 젊은 남녀 노동자들이 우르르, 식당으로 몰려왔는데, 한창 젊은 나이의 노동자들은 너나없이 냉면 한 그릇이나 밥 한 그릇으로는 성에 차지 않았다. 그리하여 한결같이 하는 말은 '아줌마 냉면사리 하나 더 줘요.' 아니면 '아저씨, 밥 한 그릇 더 줘요.' 였다.

마음씨 좋은 부부는 밥그릇이야 그렇다 치고, 냉면그릇은 아예 그릇 자체를 바꾸어 버렸다. 보통 냉면집보다 두 배는 커서 2리터의 물이 들어가고도 공간이 남는 커다란 양푼이었는데, 그러자 언제부터인가 손님들 사이에 소문이 돌아 냉면 자체가 숫제 세숫대야냉면이 되어 버렸다. 물론 세숫대야냉면으로도 양이 모자라다 하면 얼마든지 먹게끔 냉면사리를 시쳇말로 리필을 했다.

이들 부부가 20년이 훨씬 넘게 냉면을 팔면서 가장 많이 리필을 한 이는 일곱 번으로 기억하고 있다. 부부는 이 모든 것이 배고픈 시절의 이야기라면서 껄껄 웃었는데, 요즈음은 대부분이 세숫대야냉면 한 그릇을 비우는데도 벅차 하지만 이따금씩 세 번쯤 리필을 하는 이도 없지 않다고 했다.

세숫대야냉면이 소문이 나면서 주변에 하나 둘씩 냉면집들이 생겨나고, 10여 년 전부터는 음식특화거리로 지정되

면서 아예 골목 자체가 냉면거리가 되어 버렸다. 그리고 〈삼미소문난냉면〉도 더 이상 백반은 중단한 채 냉면 하나만으로 메뉴를 고정시켰다.

그동안 냉면 값은 14년 전의 300원에서 3,500원으로 껑충 뛰었지만, 냉면의 맛이나 양은 변함이 없다. 그렇듯이 손님들 또한 20년이 넘는 단골손님들이 수두룩하다.

한 접시 5,000원 '입맛대로'

인천역 부근의 차이나타운 한 쪽에도 음식특화거리 중의 하나인 밴댕이회거리가 있다. 〈목포밴댕이〉, 〈제1호밴댕이〉, 〈수원집〉, 〈서산밴댕이〉, 〈터줏골밴

〈댕이〉, 〈충남식당〉, 〈도은식당〉, 〈원조밴댕이〉, 〈포장마차밴댕이〉, 〈연화밴댕이〉 등이 처마를 나란히 한 채 사이좋게 늘어서 있다. 이중에서 〈원조밴댕이〉가 이곳에 밴댕이회거리가 들어서게 한 원조 격인데, 40여 년 전부터 가게를 시작한 모양이었다. 원래는 김완순 씨가 주인이었는데 나이가 일흔이 넘어 일을 그만 두면서 딸인 한이정 씨가 가게를 맡고 있다.

 밴댕이회는 5월에 가장 많이 잡히면서 제철을 이루지만, 그 외에도 멸치나 전어 잡이 등에 잡어로 함께 잡히기 때문에 철이 없이 아무 때나 밴댕이회의 고소한 맛을 즐길 수가 있다. 밴댕이회거리에는 밴댕이회만 있는 것은 아니어서, 밴댕이회, 전어회, 오징어회, 병어회, 준치회 등이 한 접시에 5,000원씩인데, 저마다 입에 감치는 맛이 달라서 밴댕이회 외에도 두세 가지를 함께 곁들여 술안주로 삼으면 하루저녁이 내내 즐거우리라. 이들은 횟감 이외에도 같은 값에 구이로 내놓아서 회를 싫어하는 사람도 역시 즐거울 수가 있다.

해넘이 섬 강화도

한 해가 저문다. 한 해가 저문다고 해서 서녘 하늘에 곱게 지피는 노을이야 여느 때와 하등 다를 바가 없겠지만, 그러나 한 해가 저무는 무렵의 노을을 바라보는 이의 마음만은 어쩔 수 없이 만감이 겹쳐 노을 못잖은 붉은 색감으로 켜켜이 타오를 터이다.

지난 한 해를 돌아보는 감회도 감회려니와, 어쩐지 허송으로 보낸 것 같은 후회와 안타까움에 겹쳐 자칫 가슴을 에는 한 가닥 회한도 없을 수 없으리라.

아아, 나는 왜 그렇게 밖에 못했을까. 조금만 더 정신을 차렸더라면 이 지경에 이르지는 않았을 텐데. 어차피 나는 그 정도밖에는 안 되는 것일까. 나는 왜 좀 더 마음을 비우지 못했을까.

자성과 다짐의 나들이 코스로 제격

한 해를 보내고 다가올 새해를 기다리는 순간에 자신을 돌아보고, 마음을 가다듬어 자성(自省)의 기회로 삼는 정경은 얼핏 보기에 참 아름다운 일이다. 그러나 자성이 지나쳐 자칫 회한이며 자학에까지 이른다면 그것은 아름다운 일이 아니라 자신에게 더욱 힘든 짐을 지우는 일이 되고 만다. 만일 그대에게 자성이 지나쳐 힘든 조짐이 보인다면, 그대는 과감히 자리를 떨치고 일어나 해넘이 여행길에 나서자.

이왕 한 해가 저무는 무렵이니, 가까운 서해안이라도 찾아 수평선에 펼쳐지는 낙조를 바라보면서 새로운 눈으로 자신을 바라보자.

서울에서 가장 쉽게 갈 수 있는 서해안으로는 역시 강화도가 제격일 터이다. 신촌로터리 어름에 있는 강화행 버스터미널에서 시외버스를 타면 불과 한 시간 남짓밖에 걸리지 않는다. 아득한 옛 시절에야 서울에서 강화까지의 나들이가 걷고 배를 타는 일정으로 꼬박 이틀이 걸렸다는 사실이 얼핏 상상이 가지 않지만, 어쨌든 한 시간 거리에 섬이 있고 해넘이의 해안이 있다는 것은 서울에 사는 이들의 행운이지 않으랴. 강화읍에서 군내버스를 타고, 외포리에서 다시 석모도행 배를 갈아탄 다음에 보문사를 찾아가자. 보문사에서 바라보는 낙조는 예부터 강화 8경으로 꼽히는 명승(名勝)이지만, 특히 보문사의 눈썹바위에 있는 높이 7미터의 거대한 마애석불좌상 앞에서 내려다보는 서해의 낙조는 더 이상 언설이 필요 없는 장관이다.

강화도의 해넘이 장소로는 구태여 석모도며 보문사를 고집하지 않아도 된다. 강화도의 서쪽 해안선 일대에 널린 돈대를 위시하여 어디를 가든지 뛰어난 해넘이 장소가 아닌 곳이 없다. 또한 경관이 그럴 듯한 장소에는 이미 횟집이며 카페, 민박집, 그리고 요즘 들어 부쩍 유행하는 펜션들이 눈에 질리도록 저마다 입간판에 뛰어난 해넘이를 내세우고 있다. 황금빛 노을, 노을이 내리는 아름다운 집, 노을과 함께, 추억 속으로, 뱃고동, 추억여행……. 그러나 이왕 석모도까지 찾아온 길이라면 역시 보문사의 마애석불좌상 앞이다.

아름드리 고목의 가지 사이로 저녁 해가 기운다. 이윽고 저녁 해가 그대의 눈길 아래로 떨어지고 그렇게 가없는 하늘은 물론 잔잔한 겨울바다마저 붉게 물들이며 노을이 지피는 순간, 그대의 힘든 몸뚱어리 또한 서서히 노을 속에 함께 지피는 것을 깨닫게 되리라.

어디 그대의 몸뚱어리뿐이랴. 그대의 몸뚱어리가 노을로 지피는 동안에 마음속의 회한이며 자학 따위도 함께 지펴, 마침내 그대를 새털처럼 가볍게 하리라. 그렇듯 새털처럼 가벼워진 그대가 무심코 눈썹바위에 서 있는 거대한 부처님을 돌아보면, 부처님 또한 노을 속에 함께 지피면서 그대를 향해 빙긋이 웃어 보일지도 모른다.

'강화 8경'으로 꼽히는 보문사 낙조

불교에서는 세상에 하고많은 욕심 중에서도 가장 더럽고 끔찍한 욕심을 무엇인가 이루고자 하는 공부에 대한 욕심으로 규정하고 지극히 경계해 마지않는다. 자칫 공부란 것이 '지금 이 자리'에 있는 현재의 나를 인정하지 못한 채, 좀 더 밝고 아름다운 무엇으로 나를 바꾸려 한다면, 바로 그런 공부야말로 얼마든지 더럽고 끔찍한 욕심으로 꾸짖어 마땅하다는 식이다.

대저 공부란 무엇인가. 바로 '지금 이 자리'에 있는 나를 제대로 바라보는 것이 공부가 아닌가. 그렇듯 '지금 이 자리'가 아닌 다른 자리에 서 있는 제자가 부처에 대해 물었을 때, 운문(雲門)선사는 서슴없이 대답한다. "똥막대기다!" 그렇다. 지금 이 자리가 아닌 다른 자리에 있는 무엇인가를 찾으면, 부처 또한 똥막대기인 것이다. 역시 '지금 이 자리'가 아닌 다른 자리에 서 있는 제자가 부처에 대해 물었을 때, 백장(百丈)선사는 아예 호통을 친다. "이놈아, 어찌하여 소를 타고서도 소를 찾느냐?"

지난해를 돌아보는 자성에는 무언가 '지금 이 자리'에 서있는 자신을 혐오하거나 기피하여 좀 더 밝고 아름다운 다른 자리로 자신을 옮겨 가려는 어리석은 불제자들의 공부 욕심이 없지 않을 터이다.

지금 이 자리에 없는 것이 어찌 다른 자리라고 생길 것인가. 어쩌면 진정한 자성이란, 바로 '지금 이 자리'의 자신을 인정하고, 나아가 '지금 이 자리'의 힘들고 무거운 자신을 따뜻하게 바라보는 눈길일지도 모른다.

비록 간단없는 회한과 자학이 자신을 피폐(疲弊)하게 하더라도, 바로 그런 피폐마저 너그럽게 껴안을 일이다. 그렇듯 자신과의 화해를 이루면, 비단 저녁노을이 지피지 않더라도 그대는 분명히 새털처럼 가벼워지리라. 새털처럼 가벼워진 그대가 어디에서 무엇을 하건 막히는 일이 무엇이랴. 어디에서 무엇을 하건 그대는 언제나 '지금 이 자리'에 있는 것이다.

자, 그대가 새털처럼 가벼워져서 돌아오는 길이다. 그대가 어디에 가서 무엇을 먹고 마시든지 맛있지 않은 음식이 있으랴. 그러나 그대가 혼자가 아니고 소중한 이와 함께라면 여행길의 한 끼 음식이라도 결코 소홀할 수는 없다.

한자리서 50년 훌쩍······ 고향냄새 물씬

먼저 강화읍의 중앙시장 안에 있는 〈우리옥〉(032-932-2427)을 권하고 싶다. 중앙시장에서 찬거리골목으로 30여 미터 안으로 들어가면 골목 안에 있는 듯 없는 듯 숨어 있는 평범한 백반집인데, 그러나 상차림을 보면 대뜸 머리가 좌우로 갸웃거려진다. 넉넉한 콩비지 한 대접, 조갯살을 넣은 미역국, 강화도순무김치, 꽁치조림, 고추장아찌, 숙주나물, 감자조림, 시금치, 고사리, 멸치볶음, 표고버섯볶음, 조개젓, 배추김치 등 갖은 반찬에다가, 장작을 때서 지은 강화쌀밥이 먹음직스럽게 김을 피워 올리고 있다. 그런 풍성한 상차림인데 값은 고작 4,000원이다. 소중한 이와 함께 한 그대가 어쩐지 4,000원짜리 백반으로는 성이 차지 않는다면 거기에 3,000원짜리 대구찌개를 더해도 좋다. 아니면 계절에 따라 병어회나 병어찜, 생굴, 불고기 등에서 하나를 안줏감으로 추가하여 강화도 특산인 인삼막걸리를 즐길 수도 있다. 추가되는 안줏감들은 각기 9,000원에서 1만 원을 넘지 않는다.

그대가 이제 막 수저를 드는데, 와락, 알 수 없는 친근감이 들어 다시 한 번 상차림을 살펴보면, 자칫 오랜 만에 고향에 돌아와 늙은 어머니가 차려 주는 밥상 앞에 앉아 있는 것 같은 순간적인 착각에 빠져든다. 실제로 주인 되는 방영숙 씨는 힘들고 지쳐서 대문을 열고 들어오는 이라면 누구든지 자식처럼 꺼

안아줄 것만 같은 넉넉하고 수더분한 고향 어머니의 인상이다. 거기에 더하여 납작한 한옥집의 대문부터 비롯하여 주방이며 방에 이르기까지 어쩐지 낡은 손때가 묻어나는 집인의 만만한 분위기마저도 주인 되는 이와 함께 정감을 더한다.

원래 〈우리옥〉은 방영숙 씨의 고모 되는 방숙자 할머니가 1953년에 현재의 자리에 문을 열었으니 한 자리에서 50년을 훌쩍 넘긴 셈이다. 방영숙 씨가 연로한 고모를 대신한 것도 벌써 20여 년이니 2대에 걸친 음식이며 집에서 어찌 고향냄새가 아니 나랴.

공해 없는 저수지서 건진 월척만 조리

만일 그대가 미식가라고 자처한다면, 별미로 강화도의 붕어찜을 빠뜨릴 수 없을 터이다. 강화읍에서 교동으로 가는 길목에 있는 송해면의 숭뢰저수지에는 〈돌기와집〉(032-934-5482)이라는 붕어찜 전문식당이 있다. 야트막한 야산 아래 숲으로 담장을 이룬 듯 아늑한 옛 한옥이 산수화 한 폭처럼 고풍스러운데, 주인 되는 구옥순 씨 또한 종갓집 며느리처럼 단아한 품새에 말씨마저도 도란도란 음전하여서 한 잔 술이 없이도 저절로 풍류의 마음이 일어날 듯싶다.

강화도라면 대부분이 얼핏 생선이며 조개 같은 해물을 먼저 떠올릴 것이다. 그러나 강화도는 뜻밖에도 농경지가 넓은 곳이어서 1980년대만 해도 전체 면적의 거의 절반이 농경지에다가 농가도 전체 가구의 70퍼센트를 차지하여서 농업이 중심 산업을 이루었다. 그런 만큼 여기저기 유명한 저수지가 많은데, 눈치 빠른 낚시꾼들은 바다낚시가 아니라 바로 민물낚시를 위해 거리가 멀다 않고 강화도로 몰려든다. 원래 민물고기는 저수지에 따라 맛이 천차만별인데, 낚시꾼들 사이에서 강화도의 민물고기가 맛에 있어서 으뜸으로 소문이 난 탓이다. 하기는 이렇다 할 공장이 드문 강화도에서는 여러 저수지마다 고기 맛을 헤칠 수질오염이며 공해 따위는 존재하지 않을 터이다.

〈돌기와집〉의 붕어찜은 무엇보다도 숭뢰저수지의 맛 좋은 참붕어 중에서도 월척 붕어만을 재료로 하여, 다른 곳에서는 볼 수 없는 특이한 조리법으로 요리해 낸다. 다른 곳에서 하는 대부분의 붕어찜이 20분~30분 만에 조림해 내는 데 비해 여기서는 2시간 이상을 조림해 내는 식이다. 그리하여 다른 곳의 붕어찜은 우선 가시며 뼈를 고르느라 수고로운데, 이곳은 머리에서 꼬리까지 가시며 뼈를 고를 수고가 없이 통째로 먹을 수가 있다. 자칫 어느 것이 살이고 어느 것이 뼈며 가시인지 전혀 분간이 가지 않게 입안에서 부드럽게 녹아드는데, 뼈와 살이 함께 어우러지는 고소하면서도 깊은 맛은 과연 다른 곳에서는 맛볼 수 없는 일품이다.

얼핏 생각하기로는 2시간 이상 붕어찜을 조리다 보면 형체는 물론 맛까지도 변질될 것 같은데, 붕어 자체의 모양이 전혀 손상되지 않을 뿐더러 맛 또한 붕어의 고유한 향취가 제대로 살아있다.

어쩌면 주인 되는 이의 정성이 아니면 그런 식의 요리는 불가능할지도 모른다. 그리고 바로 그런 정성에 돌기와집만의 비법이 숨겨진 것인지도. 붕어찜은 대·중·소에 따라 3만 원, 2만 5,000원, 2만 원으로 나누어지는데, 각기 붕어의 크기가 아니라 마릿수에 따라 4마리, 3마리 2마리로 값이 다르다. 이 밖에도 메기매운탕, 민물새우튀김, 추어탕이 있다. 〈돌기와집〉은 찾아가기가 약간 까다로운 편인데도 불구하고 한 번만 맛을 들이면 단골이 된 손님들이 서울이며 인천 각지에서 할아버지에서부터 어린 손자까지 일가족이 동행하여 거리가 멀다하지 않고 찾아온다.

제철 맞은 생선회 푸짐

그대가 회를 좋아하는 이라면 석모도에서 나오는 길에 외포리 선착장의 젓갈시장 옆에 있는, 얼핏 포장마차처럼 보이는 가건물을 놓치지 말일이다. 기실 강화도 일대의 해안선마다 한 집 걸러 한 집으로 죄다 횟집 아니면, 카페나 모텔이나 펜션이나 민박집들이어서 눈에 차일 지경이다. 그런 마당에 구태여 어느 횟집을 골라 권할 수 없지만, 그러나 나의 취향으로는 젓갈시장 옆의 포장마차식 가건물을 지나칠 수가 없다. 거기에는 값싼 횟집들이 서넛 사이좋게 함께 들어있는데, 이왕이면 다홍치마라고 가장 안쪽에 있어서 바다가 내다보이는 〈풍년소라6호〉(032-933-9223)라는 약간 엉뚱한 이름의 횟집을 권하고 싶다. 벌써 10년 전부터 이곳에서 횟집을 해 왔다는 30대 후반의 박미경 씨가 주인인데, 우선 싱글벙글 잘 웃는 이여서 횟감을 고르기 전부터 그만 기분이 좋아진다.

    요즈음 같은 겨울에는 숭어가 제철인데, 1킬로그램에 2만 5,000원이다. 어른 둘에 어린아이들이 딸린 네 명 한 가족이 충분히 먹을 수 있는 양인데, 매운탕과 함께 뱬댕이회며 멍게가 무료로 나온다. 이밖에도 삼식이가 역시 제철인데, 값은 숭어와 같다. 여기에 우럭, 광어, 노래미, 농어 등이 있고, 해삼이며 왕새우, 키조개, 개불 등 취향에 따른 갖가지 해물들이 여느 고급 횟집 못잖게 고루 준비되어 있다.

가평의 자연과 맛

　경춘선 국도를 따라가다 보면 남양주에서 가평으로 접어드는 어름에 '어서 오세요. 자연을 가슴에 담아가는 가평'이라는 선전문구가 먼저 눈에 들어온다. 나는 그 아름다운 문구가 자신도 모르는 사이에 덜컥, 하고 가슴에 걸리는 느낌이었다.

　자연을 가슴에 담아가라고? 하기는 가평이야말로 산과 물 같은 자연이 빼어나게 아름다운 고장임에 틀림없다. 군내를 관통하여 흐르는 북한강과 그 강이 군데군데 빚어 놓은 청평호반이며 남이섬, 그리고 대성관광지 같은 절경들, 거기에 어울려 함께 이어지는 유명산과 운악산, 축령산, 명지산 등의 장려한 산자락들은 얼마든지 둘러보아도 결코 싫증나지 않는 풍광이다.

　그러나 내 가슴에 덜컥, 걸린 자연은 그러한 풍광들보다는 그 뒤에 숨어있는 또 다른 자연이었다. 일찍이 노자는 세상살이의 지혜로 무위자연(無爲自然)을 말하였다. 한자를 그대로 풀이하자면 '꾸밈이 없이 저절로 그러하게'이다. 그 무위자연에 노자는 덧붙인다. 상선약수(上善若水), 살아가는 일을 물 흐르는 것처럼 해라. 아아, 단 한 번이라도 나는 자신의 삶을 '꾸밈이 없이 저절로 그러하게' 놓아둔 적이 있으며, '물 흐르는 것처럼' 흘려준 적이 있으랴.

계절마저도 가을이 깊어지고 어느 날 아침에 하얗게 무서리가 내린 끝에 저마다 제 빛깔이며 향기를 뿜내던 저 모든 생명 있는 것들은 시든 대만 남긴 채 흔적도 없이 자취를 감추고 말았다. 그렇듯 무릇 생명 있는 것들의 마지막이란 시들어 말라붙다 못해 앙상한 형해(形骸)만으로 바동대다가 끝내는 거친 시간의 바람 속으로 한 줌 먼지가 되어 사라지게 마련일 터이다. 불과 엊그제까지도 불붙듯 온 산에 붉고 혹은 노랗던 단풍들마저 낙엽이 되어 하릴없이 산야에 뒹굴고, 거기에 추수를 끝낸 빈 들판들도 덧없이 적막감에 싸인 채 보는 이의 눈을 시리게 한다.

언뜻 돌이키면 늙는다는 것은 저렇듯 적막한 늦가을의 풍경과 다름없다. 비단 사추기(思秋期)의 여인만이 아니라, 자신의 살아 낸 삶 속에서 무엇 하나 손에 잡히는 것 없이 허방을 짚는 듯한 이에게는 늙어서 마침내 죽음에 이르는 길이란 더더욱 적막하고 허무한 풍경이나 다름없을 터이다. 그리하여 화려한 빛깔과 향기 대신에 시든 대로만 남은 저 많은 생명들 또한 자신의 삶처럼 처연하다 못해 추하게 마저 여겨질지도 모른다.

만일 그대 또한 자신의 살아낸 삶이 처연하다 못해 추하게 마저 여겨진다면, '가슴에 자연을 담아가라'는 가평의 여행길에 나서기를 권하고 싶다. 가평에서

도 운악산 가는 어름에 있는 〈꽃무지풀무지〉(031-585-4875)라는 야생 수목원에 들르기를 권하고 싶다. 그리하여 한나절을 좋이 늦가을의 햇살 아래 수목원 여기저기 한가롭게 거닐기를 권하고 싶다. 그러다 보면 누가 알랴. 빈쩍 그대의 눈이 열려 그대가 전혀 몰랐던 그대의 자연을 만나게 될지.

원래 꽃무더기 풀무더기라는 뜻인 〈꽃무지풀무지〉에는 지난 계절 내내 야생 수목원을 원색으로 한껏 장식했을 온갖 야생화들의 빛깔이며 향기는 더 이상 흔적조차 남아있지 않다. 대신 수목원 가득히 펼쳐져 있는 것은 저마다 천명을 다하고 시들어 버린 꽃대들만이 지난 화려했던 시절의 증거처럼 남아서 잿빛 풍경을 이루고 있을 뿐이다. 수생식물원을 지나고, 습지원을 지나고, 향기, 붓꽃, 나리원을 지나, 산채원이며 덩굴식물원을 지나도 그대를 기다리는 것은 역시 잿빛 풍경뿐이다. 억지로 찾아낸다면 수목원 가장 위쪽 그늘진 곳에 숨어 있는 국화원의 한쪽에서 쑥부쟁이 몇 다발만이 애잔하게 보랏빛 잔명을 이어가고 있을 뿐이다.

야생 수목원의 어디를 둘러보아도 그대가 위안을 받을 만한 풍경은 없다. 동자꽃, 노인장대, 맥문동, 제비꽃, 은방울꽃, 둥글레, 용담, 앵초, 금불초, 초롱꽃, 비비초, 애기기린초, 금강초롱, 말나리, 하늘나리, 참나리, 털중나리, 꼬리풀, 금낭화, 노루삼, 산작약, 마타리, 패랭이, 구절초, 해국, 울릉국화, 한라구절초, 모싯대…… 그 모든 야생화들은 이제 한낱 푯말로만 남아있을 뿐이다.

그러나 그뿐인가. 수목원의 뭇 야생화들은 정말이지 그대에게 아무런 의미도 남기지 않고 잿빛 풍경 속으로 속절없이 사라진 것뿐일까. 아니리라. 결코 그것뿐만은 아니리라. 그대가 흡사 자신의 처연한 삶이라도 어루만지듯 푯말과 함께 남아있는 야생화들의 시든 꽃대를 어루만지는 순간, 그대는 벼락처럼 한 가지 사실을 깨닫게 될지도 모른다. 시든 꽃대는 결코 시든 꽃대로만 끝나지 않는다.

시든 꽃대는 시든 꽃대대로 그 안에 길을 열고 있다. 그리하여 그대가 시든 꽃대가 안에 열린 길을 따라 어디론가 들어가게 된다면, 그대는 마침내 그대 안에 있는 또 다른 자연을 만나게 될지도 모른다.

만일 그대가 그대 안에 있는 또 다른 자연만 만나게 된다면, 그대는 다시 한 번 깨닫게 될 터이다. 늙는 것처럼 아름다운 일은 없다. 늙어서 그대 또한 시든 꽃대가 되면, 그때에서야 그대는 비로소 안으로 들어가는 길을 알게 될 터이다. 그렇게 안으로 들어가는 일이야말로 모든 생명의 현상 가운데 가장 아름답고 신비로운 일이다.

은방울꽃의 시든 꽃잎 안으로 들어가 보라. 안으로 들어가 보면 바로 거기에는 다가올 어느 봄날 아침에 그다지도 화려하고 향기롭게 피어날 수천수만의 새로운 은방울꽃들을 만나게 되리라.

하늘나리의 시든 대 속으로 들어가 보라. 거기에는 이미 내년 봄에 새로운 줄기로 살아날 수천수만의 하늘나리들이 더없이 아름답고 신비한 모습으로 벌써부터 그대를 기다리고 있을 터이다. 아아, 늙어서 시들어진다는 것이야말로, 그리하여 안으로 들어간다는 것이야말로 얼마나 아름다운 일인가. 그리하여 오래 잊었던 자신의 자연을 만나고, 마침내 '꾸밈이 없이 저절로 그러한'

지혜의 물을 만나서 비단 그대만이 아닌, 모든 생명 있는 것들과 함께 영원한 강이 되어 흘러간다면, 어떠한 늙음이며 죽음이 더 이상 그대를 홀로 적막하게 하랴.

　세상살이라는 것을 그대와 나는 자칫 저마다 가득히 채워야만 할 무슨 항아리 같은 것으로만 여겨오지는 않았을까. 그리하여 태어나서 죽는 날까지 그대와 나는 애오라지 항아리를 채우는 일에만 애면글면하지는 않았을까. 남보다 더 많이, 남보다 더 넓게, 남보다 더 가득히……. 그것이 결국은 밑이 빠져 채워도 채워지지 않는 항아리라는 것조차도 모른 채. 그리하여 마침내 자신마저도 잃어버리고 흡사 무슨 굶어죽은 아귀라도 씌인 것처럼 헛된 일에만 매달려 아등바등 하지는 않았을까. 아아, 무릇 모든 생명 있는 것들은 비운 다음에야 비로소 더욱 가득히 채워진다는 것을 그대와 나는 왜 몰랐던 것일까.

　〈꽃무지풀무지〉는 11월 중순경까지는 문을 연다. 비록 겉보기에는 아무 것도 없는 적막하고 처연한 잿빛 풍경일 터이지만, 그 잿빛 풍경 안에서 만일 그대가 그대의 또 다른 자연을 만날 수 있다면, 그것만으로도 벌써 그대의 가을 여행은 온몸 가득히 충만해지리라.

　〈꽃무지풀무지〉에서 그리 멀지 않은 곳에 운악산 등산로 입구가 있고, 거기에 손두부집들이 올망졸망 촌락을 이루며 몰려있다. 그 중에서 할머니손두부가 유명하지만 어느 집을 들어가도 늦가을의 허기를 채우기에는 부족함이 없다. 따끈한 손두부(5,000원)에 묵은 김치를 가닥으로 싸먹는 맛도 일품이지만, 거기에 가평의 명산품 잣막걸리를 한 잔 곁들이면, 꽃무지풀무지에서 이미 충만해져 온 그대에게 더 이상 무엇이 부족하랴. 손두부 이외에도 순두부

(3,000원), 두부버섯전골(1만 2,000원), 순두부백반(5,000원) 등이 있다.

〈꽃무지풀무지〉에서 포천으로 가는 길목에는 현리에 국수호박을 전문으로 하는 〈시골마당〉(031-585-2309)이 있다. 이 국수호박은 호박을 국수로 만든 것이 아니라 호박 자체가 삶으면 국수처럼 줄줄이 면발이 되어 나오는 것으로, 여기에 양념장만 곁들이면 그대로 요리가 되는 100퍼센트 천연국수인 셈이다. 물국수호박과 비빔국수호박이 각각 5,000원인데, 가평을 지나다가 출출하다 싶으면 한 그릇 뚝딱 먹어치우는 재미가 그야말로 별미일 터이다.

그대가 좀 더 가을 여행을 만끽하고 싶다면, 이번에는 신청평대교를 건너 유명산으로 가는 길목에 있는 설악면의 〈들풀〉(031-585-4322)을 찾을 것을 권하고 싶다. 블루베리 스파랜드라는 온천으로 가는 쪽에 여유롭게 자리 잡고 있는 들풀은 된장이며 청국장을 직접 담가서 팔기도 하고 요리로도 만들어 내는 청국장 전문집이다.

〈들풀〉은 마당으로 들어서자마자 사람 키를 두 세배는 훌쩍 넘을 것 같은 콩 낟가리를 쌓아 놓아 벌써부터 왠지 마음이 푸근해져 오는 기분인데, 주인이 직접 농사를 지어 수확한 것이다. 콩 낟가리를 지나면 이내 항아리가 30~40개가 넘는 커다란 장독대에 다다르는데, 해마다 된장과 청국장 제조용으로 100여 가마씩 사용하고 있다.

〈들풀〉의 김용옥 씨와 김안나 씨 부부는 함께 주방일도 하고 서빙도 하면서, 주로 콩요리를 위주로 한 1만 원짜리 정식을 한 상 차려 낸다. 청국장찌개, 된장찌개, 생청국장, 두부부침, 된장부치미에 황태구이, 더덕구이, 잡채, 들풀무침 그리고 깻잎장아찌, 더덕장아찌, 황태상아씨에 각종 나물이 곁들여져 한 상 가득히 채우고 있다.

한 상 중에서도 특별한 맛을 내는 것은 생청국장으로, 고스란히 생으로 먹게 내 온 것이다. 밑에 깻잎이나 머위, 상추, 김 등을 깔아 한 잎에 싸 먹게 되어있는데, 생청국장 위에 고명으로 얹은 보랏빛 오디가 주인의 살가운 마음씨를 엿보게 한다. 흔히 청국장이라면 아무리 몸에 좋다고 해도 우선 그 역한 냄새 때문에 먹는 것 자체가 고역스러운데, 여기에서는 매실을 넣고 검정콩가루를 섞어 발효시키는 비법으로 냄새를 해결한 것이다.

된장찌개에 마늘은 'NO'

〈들풀〉에서는 요리와 함께 청국장과 된장도 직접 판매한다. 청국장은 800그램에 1만 원, 된장은 3년 숙성된 것만으로 파는데, 1킬로그램에 1만 5,000원이다. 부부는 청국장과 된장을 팔기에 앞서 먼저 청국장이며 된장을 보다 맛있게 끓이는 법을 친절하게 일러주는데, 이들의 말에 따르자면 절대로 마늘을 넣지 말 일이다. 청국장에 무, 호박, 대파, 신 김치, 양파, 청양고추, 두부를 준비해서 우선 무, 호박, 양파, 대파는 썰고, 신 김치는 속을 털고 썰어서 꼭 짠 뒤 기름에 살짝 볶는다. 여기에 황태나 멸치를 우려낸 육수를 붓고 두부와 청양고추를 넣은 다음에 청국장을 알맹이 그대로 넣어서 걸쭉하게 끓이는데, 채소만 익었다 싶으면 금방 불을 끈다.

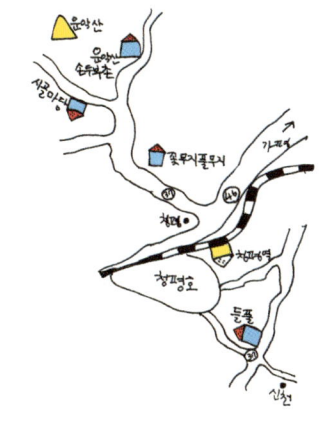

청국장은 유산균이나 비피더스균처럼 장을 깨끗이 하는 작용과 면역력을 키우는 효과가 있는데 자칫 오래 끓이면 이런 좋은 효소와 균이 파괴되기 때문이다. 된장찌개 역시 마늘을 넣지 않고 청국장에 들어가는 재료 외에 감자와 표고버섯을 곁들이는데, 된장을 체에 걸러 풀어서 청국장보다 2배 정도의 시간을 들여 푹 끓여내는 식이다.

양평의 강변길

가을이다. 어느 주말 느닷없이 하늘이 높아져서 푸른 물을 뚝뚝 떨어뜨리고 투명한 햇살 속에 둥둥 떠다니는 뭉게구름이 잊었던 그리움마저 아련하게 불러일으킨다면, 그리고 그리움의 무게에 비례해 사는 일이 그대를 지치고 허기지게 한다면, 차를 지닌 친구라도 불러내어 훌쩍 길을 떠나고 볼 일이다. 양평의 빼어난 풍광에는 몇 번이고 더듬어도 질리지 않는 유혹이 있다. 더군다나 북한강과 남한강이 함께 어우러지는 두물머리의 강심 위에서 황금빛 햇살이 사금파리처럼 반짝이고 있는 풍광은 차라리 눈이 시리다. 강 길의 예도는 굽이굽이 경관 좋은 자리마다 빼곡히 들어앉은 모텔이며 국적불명의 괴이한 건물들, 예술보다는 상술을 앞세운 몇몇 갤러리며 화려한 라이브 카페들이 눈엣가시처럼 다가올 터이지만, 오래 눈에 담지는 말자. 그것은 그것대로 절실히 필요로 하는 이들이 있어서 생겨나지 않았으랴.

두물머리 강심은 한 폭의 동양화

서울을 떠나 구리를 거쳐 이제 막 팔당댐 부근의 강 길을 달려가고 있을 그대에게, 나는 맨 먼저 양수리 검문소에서 대성리 쪽으로 빠지는 45번 국도변에서 수종사(水鍾寺)라는 작은 입간판을 찾아보기를 권한다. 너무 작아 유심히 보지 않으면 자칫 흘려 넘기기 쉽다. 어렵게 찾은 수종사의 입간판을 따라 이제 산길을 올라가노라면, 채 포장도 하지 않은 길바닥의 흙들이 지난여름의 폭우에 쓸려나가 움푹질푹 요철을 이루고 있을 터이다.

좀 더 수종사의 숨겨진 매혹에 빠질 예정이라면, 그쯤에서 한 편에 차를 세워 두고 걸어서 올라가도 좋다. 그렇게 걷다 보면 이마에는 땀방울이 돋고 시원한 샘물 한 모금이 간절해질 무렵에 기다렸다는 듯이 절 입구에 있는 약수터가 모습을 드러낼 것이다.

나는 약수터의 샘물마저도 무심코 지나치기를 권한다. 정히 갈증을 못 견디겠다면 딱 한 모금만 마시기 바란다. 그리하여 마침내 절의 경내에 들어서면 그대는 어쩔 수 없이 대웅전이며 산신각 같은 건물보다도 먼저 무료다실이라는 쪽지가 붙은 삼정헌(三鼎軒)에 눈길이 멈출 것이다.

일말의 주저를 무릅쓰고 삼정헌의 문턱을 넘어

서면 무엇보다 통유리로 확 트인 전면에 한 폭의 빼어난 수묵화처럼 펼쳐진 두물머리의 전경을 발견할 것이다. 바로 두물머리의 전경을 배경으로 친구와 함께 낮은 다탁에 가부좌를 하고 앉아라. 아름다운 풍광에 먼저 넋이라도 나간 듯 그대의 입부터 벌어지리라.

잊을 수 없는 수종사의 차와 산채비빔밥

바로 그렇듯 아름다운 풍광에 넋을 빼앗긴 것은 비단 그대뿐만이 아니다. 수종사가 세워진 아득히 먼 세월부터 일찍이 헤아릴 수 없이 많은 시인묵객들이 바로 그대가 앉아 있는 삼정헌 어름에 터를 잡고서 두물머리의 아름다운 풍광을 노래하고 또한 붓을 들어 화선지에 옮겼으리라. 만일 그대가 알려고만 든다면 삼정헌에 비치된 책자 중에서 쉽게 시인들의 노래를 찾을 수 있으리라. 서거정(徐居正), 김종직(金宗直), 홍언필(洪彦弼), 이이(李珥), 이덕형(李德馨), 정약용(丁若鏞)……. 이 중에서도 그대 다산(茶山) 정약용 선생의 시 한편만은 꼭 빼놓지 말고 읊어 보기를.

> 수종사 절집은 아스라한데
> 이내 속에서도 기와 홈통을 알아보겠네
> 호남땅 4백여 많은 사찰도
> 이 누각보다 크다 못 하리

그대가 차를 먹는 예법에 처음일지라도 크게 염려할 것은 없다. 뭔가 망설이는 눈치라면 어느새 젊고 예쁜 보살님이 나타나 친절하게 차를 우려내어 음미하기까지 다법의 과정을 일러 줄 것이다.

만일 일요일의 낮 공양 시간에 수종사에 다다랐다면 무료로 마신 차에 곁들여 역시 무료인 맛깔스러운 산채비빔밥까지 배불리 먹을 수 있을 터이다.

무료다실이나 무료 산채비빔밥은 어쩌면 절을 홍보하기 위한 고등수법인지도 모른다.

그러나 아무리 절을 홍보한다고 해도 경내에서 가장 경관이 좋은 곳에 터를 잡아 무료다실을 열거나 공양까지 보시하기란 결코 쉽지 않다. 적어도 수종사 스님들의 어떤 선의만은 비틀어 보지 말자.

기왕에 가을맞이를 나섰으니까 수종사의 차맛에 곁들여 가을을 느낄 수 있는 음식을 찾아 나서자. 대성리 쪽의 강변을 거슬러 오르면 얼마 지나지 않아 연세중학교 정문 앞에서 〈죽여주는 동치미국수〉(031-591-4632)라는 조금은 무례한 간판을 만나게 될 터이다. 간판처럼 죽여줄 정도는 아니지만 4,000원짜리 동치미국수며 5,000원짜리 김치만두는 확실히 맛이 있다. 깔끔한 맛의 김치만두를 먼저 먹고 살얼음이 둥둥 떠 있는 동치미국수를 먹는 것이 순서이다. 이 〈죽여주는 동치미국수〉는 한 곳만이 아니라 강변도로 곳곳에 있어서 서로 원조임

을 내세우는데, 맛은 모두 비슷하니까 어디를 찾아도 무방할 듯하다.

맛은 비슷비슷…… 어느 집 찾아도 무방

만일 두부 전문집을 찾을 요량이라면 그대는 45번 국도의 팔당 방향의 옛 국도를 잠깐 되돌아가서 〈기와집순두부〉(031-576-9009)라는 간판을 발견하기 바란다. 옥호 그대로 허름한 옛 기와집인데도 불구하고 무슨 저잣거리처럼 손님들로 북적거리는 얼마쯤은 황당하기까지 한 광경을 만날 터이다. 순두부백반(5,000원)이며 콩비지백반(6,000원), 생두부(6,000원), 두부김치(8,000원) 이외에도 두부제육볶음, 파전, 녹두전 등 메뉴가 다양한데, 어쩌면 이 다양한 메뉴가 이 집의 흠일지도 모른다.

만일 그대가 보다 순수한 두부 전문집을 찾을 요량이라면 양수리 읍내에서 서종으로 방향을 틀어 문호리 강변을 지나는 옛날 국도변에 있는 〈시골손두부전문〉이라는 입간판이 걸린 평범한 시골집을 찾기 바란다. 〈서종가든〉(031-773-6035)이라는 옥호인데, 어디에도 가든은 보이지 않지만, 주인 할머니의 손두부 빚는 솜씨만은 오래전부터 호가 난 집이다. 손두부전골이며 두부찜, 손두부, 콩탕이라고 부르는 비지탕이 각각 1인분에 6,000원씩인데, 그중에서 푸짐한 버섯에다가 돼지고기를 썰어 넣고 새우젓으로 간을 맞춘 손두부전골을 빠뜨리지 말자.

서울과 강원도 내륙을 잇는 6번 국도에서 가장 먼저 생겼다는 〈양수콩나물국밥〉(031-771-5995)이 양수리에서 양평으로 가는 어름의 국수역 앞 국도 변에 있다. 콩나물국밥과 황태해장국이 4,000원씩인데, 콩나물에 북어국물을  붓고 배추김치를 썰어 넣어 새우젓으로 간을 맞춘 콩나물국밥이 역시 시원하다.

투명한 햇살이 내려 쌓이는 가을 들판을 바라보며 콩나물국밥에 1,000원짜리 모주 한 사발을 곁들인다면 몸과 마음을 함께 힘들게 하던 그대의 허기도 어느 정도 가실지 모른다. 어차피 모주 한 사발로 허기를 달래기에 부족하다면 5,000원짜리 새우부추전이나 황태구이를 안주로 역시 5,000원하는 동동주 한 됫박에 아예 허기를 채워도 좋다. 가을 들판에 햇살이 저리도 투명한데 누가 그대의 낮술을 탓하랴.

6번 국도에서 벗어나 옥천으로 접어들어 중미산으로 가는 길목에 〈도토리국수집〉(031-771-7562)이 있다. 도토리 요리 전문답게 도토리묵탕국(5,000원), 도토리비빔밥(5,000원), 도토리냉면(5,000원), 도토리전병(7,000원), 도토리전(6,000원)

으로 도토리 일색인데, 그중에서도 고기를 삶아 낸 육수에 도토리묵과 김치를 채 썰어 넣고 밥을 말아먹는 도토리묵탕국이 일품이다. 묵탕국 한 그릇만으로도 충분히 넘치는 양이지만 어쩐지 부족하게 여겨진다면 도토리전이나 도토리전병을 곁들이자.

용문산 은행나무축제는 '덤'

가을 양평에서 용문산 '은행나무축제'를 빼놓을 수는 없다. 용문사 앞마당에 있는 수령 1,200년의 은행나무를 기리는 축제인데, 세계사물놀이겨루기한마당, 산사음악회, 영산제, 용문산신령제 등이 열린다. 용문산의 빼어난 풍광과 더불어 이제 막 가을의 서장을 여는 듯한 은행나무축제까지 만날 수 있다면, 예상하지 못했던 가외의 즐거움이 아니랴.

돌아오는 길에 국도변에서 '무명화가의 찰옥수수'라는 붓으로 쓴 입간판을 만날지도 모른다. 그대는 결코 무심하게 지나치지 말고, 아니 지나쳤다가도 길가에 차를 세워 두고 되돌아가서 어쩐지 어수룩해 보이는 무명화가에게서 찰옥수수 한 봉지를 사기 바란다.

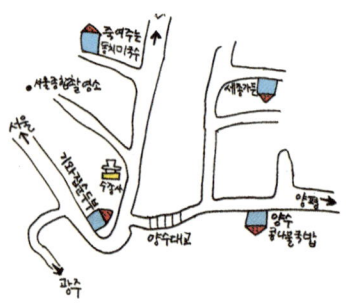

혹시 누가 알랴, 찰옥수수를 주고받는 손길 사이로 찌르르, 알 수 없는 어떤 전류가 흘러 그대가 벼락처럼 무언가를 깨닫게 될지를. 그리하여 오랫동안 그대를 지치고 허기지게 하던 삶의

화두가 눈앞에서 번쩍, 풀려나게 될지를. 그럴지도 모른다. 깨달음이란 결코 무슨 커다랗고 엄청난 대상에서 오지 않는 법이다.

양평을 도는 여행길에서 한 가지만 주의하자. 주로 정체불명의 괴이쩍고 웅장한 외양을 하고 있는 레스토랑이나 카페, 혹은 갤러리 앞에 내걸린 입간판들에 내걸린 소위 '미끼상품'에 대해서다. 무슨 백화점이나 대형 할인매점에만 있는 줄 알았던 '미끼상품'이 4,000~5,000원짜리 가격을 내세운 채 양평 일대의 아름다운 강길 여기저기에서도 나부끼고 있다.

'미끼상품'에 홀려 레스토랑이나 카페의 문을 밀치고 들어선다면, 기다렸다는 듯이 정도 이상으로 크고 화려한 가죽 메뉴판이 그대 앞에 놓일 것이다. 그런데, 이것 봐라. 그대가 입간판에서 보고 들어온 미끼상품은 어디에도 보이지 않고, 대신에 3만~4만 원짜리 비싼 메뉴들만 즐비하게 그대의 눈을 어지럽힐 것이다. 미끼상품의 정체를 깨달았다면 그대는 더 이상 망설임 없이 단호하게 자리를 박차고 밖으로 나오기 바란다. 끝내 자리에서 일어나지 못한 채 3만, 4만 원짜리 비싼 메뉴를 시켜도 나중에는 뒷맛이 쓸 것이고, 또한 4,000~5,000원짜리 미끼메뉴를 우격다짐해도 나중에는 더더욱 뒷맛이 쓸 것이다.

안성의 요리 명가

경부고속도로 안성톨게이트를 빠져나와 시내로 향하다 보면 중앙대학교 안성 캠퍼스 정문과 나란히 안성맞춤 박물관이 나온다. 박물관에는 바로 '안성맞춤'이란 단어를 고유명사에서 보통명사로 바뀌게 한 안성유기의 역사며 제작방법에서부터 수저와 그릇 같은 반상기, 제기, 불구(佛具), 징이며 꽹과리 같은 악기에 이르기까지 각종 유기들이 전시되어 있다.

흔히 놋쇠라고 부르는 유기는 만드는 기법에 따라 방짜유기와 주물유기로 나누어지는데, 나로서는 놋쇠를 불에 달구어 일일이 메질을 되풀이하며 얇게 늘려 형태를 잡아가는 기법으로 만들어진 방짜유기에 예사롭지 않은 관심이 갔다. 하나하나 손으로 빚어낸 섬세하면서도 정교한 모양도 모양이지만, 어딘가 보이지 않는 깊은 공간에서 새나오는 것 같은 은은하면서도 황홀한 빛은 흡사 무슨 향기로운 생명이라도 깃들어 있는 것처럼 여겨져 자칫 바라보기마저 외경스러운 기분이었다. 그럴지도 몰랐다. 소위 많은 명품들이 그렇듯이 안성유기 또한 그것을 만든 이들의 장인정신(匠人精神)이 낱낱의 작품 속에서 하나의 생명체로 아직까지 살아 숨 쉬고 있을지도 몰랐다.

안성에서 살아 숨 쉬는 장인정신은 비단 유기에만 있는 것은 아니었다. 이번 맛세상에서 만난 요리에서도 어렵잖게 장인정신을 느낄 수 있었다. 대저 요리에 있어서 장인정신이란 무엇인가. 요리 하나 하나에 자신의 생명까지 불어넣을 정도로 몰두하여 마침내 자신의 삶과 요리가 기꺼이 한 몸이 되는 경지가 아니랴.

장자(莊子)의 양생주(養生主)에는 '포정'의 이야기가 나온다. 포정은 숙수 혹은 주방장 같은 요리사를 일컫는 말로, 옛날에는 직업으로 이름을 삼는 일이 흔했다. 포정이 양나라 혜왕 문혜군(文惠君)을 위해 소를 잡는데, 그 손을 놀리는 것이나 어깨로 받치는 것이나 발로 딛는 것이나 무릎을 굽히는 것이나 쓱쓱 칼질하는 품이 지극히 자연스럽고 흐름마저 음률에 맞지 않은 것이 없었다.

문혜군이 그 재주를 감탄하자 포정이 말했다.
"제가 좋아하는 것은 도(道)입니다. 도는 재주에 앞서지요. 처음 제가 소를 잡을 때는 눈에 보이는 것은 소뿐이었습니다. 그러다가 3년이 지난 뒤에는 소가 보이지 않았고, 지금은 오직 마음으로 일할 뿐 눈으로 보지는 않습니다. 곧 손발이나 눈 따위 감각기관은 멈춰버리고 마음만이 작용하는 것이지요. 그래서 소 몸뚱이의 자연스러운 이치를 따릅니다. 뼈와 살이 붙어있는 큰 틈바구니를 젖힐 때나 뼈마디가 이어져 있는 큰 구멍에 칼을 넣는 일들은 모두 자연의 이치를 따라 갈라갑니다. 그래서 제 재주는 뼈와 살이 맺힌 곳에서도 아직 한 번도 칼이 다치지 않도록 하지요. 하물며 큰 뼈에 부딪치는 일이 있겠습니까. 솜씨 있는 포정은 일 년에 한 번 칼을 바꾸는데 그것은 살을 베기 때문이요, 보통 포정은 한 달에 한 번 갈을 바꾸는데 그것은 뼈에 부딪혀 칼을 부러뜨리기 때문입니다. 그러나 제 칼은 이제 19년이나 지났고 잡은 소의 수가 수천 마리에 이르는 데도, 칼날이 지금 막 새로 숫돌에 간 것과 다름이 없습니다. 뼈마디에는 틈이 있고, 저의 칼날에는 두께가 없습니다. 두께가 없는 것을 틈이 있는 곳에 집어넣기 때문에, 넓고 넓어 칼날을 휘둘러도 반드시 여유가 있습니다. 그래서 19년이나 지난 칼인데도 막 숫돌에서 새로 간 것 같지요. 그러나 지금도 막상 뼈와 심줄이 한데 얽힌 곳을 만났을 때는 저도 그 다루기 어려움을 알고 두려워하며 조심합니다. 눈길을 집중하고 몸놀림을 천천히 하며 칼놀림 또한 매우 미묘하게 합니다. 마침내 뼈와 살이 쩍 갈라지면 마치 흙덩이가 땅에 철썩 떨어지는 것 같은데, 그때에야 저는 흐뭇한 마음으로 칼을 닦아 품에 간직합니다."

문혜군은 무릎을 치며 감탄한다.

"훌륭하구나! 포정의 말을 듣고 나는 비로소 양생법을 깨우쳤도다!"

〈안일옥〉(031-675-2486)은 옛날의 안성장에서부터 비롯하여 80년이 넘게 소위 쇠전머리 장국밥의 입맛을 대물림해 오는 3대 전통의 명가다.

예부터 안성장은 유기뿐만이 아니라 소를 사고파는 우시장 또한 유명하여 전국에서 다섯 번째 안에 드는 큰 장으로 발전되었는데, 바로 안성장에서 떠돌이 장돌뱅이들의 입맛을 사로잡았던 장국밥이 〈안일옥〉에서 그대로 이어져 오고 있는 것이다. 이미 작고한 1대의 이성례에서 비롯하여 2대의 이양귀비(87세), 3대의 우미경(42세)에 이르면서, 요리에 몰두하여 마침내 자신의 삶과 요리가 기꺼이 한 몸이 되는 도의 경지는 더욱 깊어졌으리라. 한 가지에만 전념하여 80년, 3대를 이어간다는 것은 안으로 흐르는 장인정신이 없이는 전혀 불가능할 터이다. 벌써 아흔에 가까운 이양귀비 할머니는 더 이상 식당일에 관여하지 않지만, 3대의 우미경은 날마다 하루도 빠지지 않고 주방에서 손수 요리를 다루고 있다. 어찌 며느리 우미경뿐이랴. 이양귀비의 3남 6녀의 자녀들은 이미 작고한 장남 김종선이 송탄에 〈안일옥〉 분점을 낸 것을 필두로, 2남 김종안이 도기동 쇠전머리에 새집을 지어 장터국밥집을 열 준비를 하고 있고, 3남 김종열이 〈안일옥〉 본점을 맡고 있다.

4녀 김종숙이 평택에, 5녀 김종금은 〈안일옥〉 본관 바로 옆에 별관을 열어 약간 색다른 메뉴로 보신탕이며 삼계탕을 선보이고 있다. 이만하면 가히 요리만으로 명가다운 집안을 이룬 셈이다.

이중에서 3남이면서도 〈안일옥〉의 전통을 내리 이어받은 김종열은 아내 우미경을 도와 허드렛일을 마다하지 않으면서도, 일찍이 중앙대학교 식품영양학과에서 석사과정을 마치고 거기에서 외식산업경영에 대한 강의를 하기도 하는 등, 경험과 학문을 모두 아우르고 있다. 그런가 하면 아직 중학생인 아들 김형우를 시흥에 있는 조리과학고등학교에 입학시켜, 미리부터 4대를 이을 준비도 하고 있다.

〈안일옥〉의 메뉴는 일찍이 쇠전머리 장국밥에서 발전하여, 해장국(4,000원)부터 설렁탕(5,000원), 곰탕(5,000원), 내장곰탕(5,500원), 갈비탕(5,500원), 꼬리곰탕(1만 원), 도가니당(1만 원), 족탕(1만 2,000원), 안성맞춤우탕(1만 5,000원), 소머리수육(1만 5,000원), 도가니수육(2만 원), 모듬수육(2만 5,000원), 꼬리수육(3만 5,000원), 족수육(4만 원)으로 다양하여졌다. 만일 모처럼 외식에 나섰거나 몸이 허약해서 보양식을 찾는 중이라면 약간 무리하다 싶은 가격임에도 불구하고 나는 기꺼이 안성맞춤우탕을 권하겠다. 〈안일옥〉에서 특별히 만들어 낸 메뉴인 안성맞춤우탕에는 한 그릇 가득히 우족을 위시해서 꼬리, 도가니, 갈비, 소머리고기가 다양하게 들어 있는데, 맛도 맛이지만 양 또한 넘쳐나서 비싸다는 생각이 전혀 들지 않는다.

〈우정집〉(031-675-4029)은 냉면전문집이다. 그리고 과연 냉면전문집답게 메뉴는 냉면과 비빔냉면 딱 둘뿐이다. 흔히 냉면과 함께 팔기 마련인 수육마저도 없으며 소주나 맥주 같은 주류도 없이 다만 냉면뿐인 것이다. 혹시 종교적인 이유에서 술을 팔지 않는 것인가 하고 물어보았더니, 술을 팔다 보면 술꾼들 때문에 냉면이 좋아 찾아오는 단골손님들에게 누가 될까 싶어서 팔지 않는다는 단순한 대답이었다. 수육의 경우는 자칫 수육을 그날 팔지 않으면 냉장고에 넣어 보관해야 하는데, 그렇게 되면 다음날은 수육의 고유한 맛을 잃어버릴 터이고, 그런 수육을 차마 손님들에게 내놓을 수가 없어서 아예 포기를 했다는 것이었다.

〈우정집〉의 주인 배석윤은 황해도 출신으로 갓 스물 무렵에 서울 수표동의 유명한 음식점 경희장의 주방에서 요리사로서의 첫 수업을 쌓아 경력 40년이 훌쩍 넘은 소위 요리의 장인이다. 그이가 안성에 터를 잡은 것은 1968년 당시 미화장이라는 안성에서 가장 큰 음식점 주방장으로 내려오면서부터였다. 미화장이 없어지자 그이는 바로 미화장 앞에 터를 잡아 1975년에 냉면전문집을 열었다. 그런 그이가 요즈음 들어 애오라지 하는 일이란 전혀 자신을 밖으로 드러내지 않는 일이다. 그이는 나와의 인터뷰마저도 아내 복경순과 이미 대학의 외식산업과를 나와 전문요리사가 되어있는 아들 배승태에게 맡긴 채 끝내 나타나지 않았다. 그렇듯이 우정집은 이미 경기도 지정업소며 모범업소로 선발되었지만 어디에도 인정서 따위는 보이지 않고, 붙은 것은 냉면과 비빔냉면 각각 5,000원이라고 적힌 메뉴판이 전부였다.

〈우정집〉에서 생각 없이 냉면을 먹다 말고, 나는 자칫 입에 문 냉면 몇 올마저도 목구멍으로 흘려 넘기기가 불현듯 외경스러운 기분이었다. 세상에 이런 이도 있는 것일까. 전문요리사출신인 아들마저 아버지의 길은 옆에서 보아내기만 해

도 너무 고달프고 힘들어 도저히 뒤따르지 못하겠다며 그만 포기하고만 길을 걷는 이. 길이 깊어지다 못해 이제는 애오라지 자신을 세상에서 숨기려 드는 이. 그렇게 장인정신 깊어지면 안으로 갈무리되어 어디론가 또 다른 공간으로 스며들어가는 것일까. 그리하여 어느 날 눈 밝은 이를 만나면 은은하면서도 황홀한 빛을 내어 부슨 향기로운 생명체로 다시 새나오는 것일까.

안성교육청 앞에 숨어있는 〈향교식당〉(031-675-4288)이라는 4,000원짜리 가정식백반집도 나로서는 장인정신이 빛난다고 주장하고 싶다. 이 집은 기실 안성 부근에 작업실이 있는 내가 일주일에 한 번 꼴로 들르는 단골집이다. 어떤 날은 향교식당의 백반을 먹다 말고 자칫 심약해진 나머지 눈물마저 글썽일 때가 없지 않다. 나를 그렇듯 심약하게 만드는 것은 무엇보다도 반찬 하나하나에 스며 있는 이 집 주인의 선의(善意)이다. 누군가는 한갓 가정식백반에서 장인정신 운운하는 나를 너무 싸구려라며 비난할지도 모른다. 그래도 하는 수 없다. 구태여 한 마디 변명하자면, 손님에 대한 선의가 없이 어떻게 장인정신이 우러날 수 있으랴, 되물을 수밖에.

시어머니 오은자와 며느리 서강열이 사이좋게 솜씨를 내는 〈향교식당〉 4,000원짜리 백반의 반찬은 가짓수가 무려 16가지가 된다. 돼지불고기, 꽁치조림, 청국장찌개, 고추버섯볶음, 쇠고기장조림, 미역쌈, 무장아찌, 시금치, 오이소박이, 어묵

볶음, 오이노각, 김, 깻잎장아찌, 멸치땅콩볶음, 콩나물, 깍두기……. 반찬들의 어느 하나 고부의 정성이며 선의가 깃들지 않은 것이 없지만, 김같이 사소한 것도 쉽게 사서 쓰는 일이 없이 일일이 품을 팔아 들기름에 구워 내는 식이다. 그뿐이랴, 부족하면 얼마든지 더 시켜서 양껏 밥을 먹고 나면, 한 양푼 가득히 갓 끓여 낸 누룽지탕을 다시 가져다준다.

설렁탕 역사는 수백 년

설렁탕이 조선시대 선농단과 왕실소유 토지인 직전에서 해마다 봄이면 거행된 왕의 친경행사에서 유래한다는 것은 널리 알려진 상식이다.

친경행사에서 왕이 선농제라는 일종의 풍년제를 올린 후 제사에 쓴 소를 재료로, 문무백관이며 인근의 백성들까지 두루 나눠먹게 하기 위하여 솥 가득히 끓여 낸 음식이 바로 설렁탕이라는 식이다.

이 설렁탕은 원래 선농탕이 변한 것이다. 이후 민간에서는 요리법이 차츰 발달하여, 우선 사골을 넣고 10시간 정도 끓인 다음에 소머리, 양지고기를 넣고 다시 3시간 정도 끓여서 고기만을 건져 낸 다음에 부위별로 썰어 내고, 뼈는 다시 푹 고아서 손님에게 내게 되었다. 설렁탕에 반해 곰탕은 사골 같은 뼈는 쓰지 않고 주로 내장 위조로 푹 고아서 말 그대로 곰탕을 만들어 낸다.

해장국은 선지에 우거지를 넣어서 고아 낸다.

화성의 봄나들이

봄에 느끼는 꽃이며 생명에 대한 신비는 결코 젊은이들의 소유가 아니다. 길가에 피어 있는 무심한 꽃다지 한 송이에도 지나온 1970~1980년의 시간이 통째로 들어있는 것을 느끼며, 그 생명의 신비가 너무 깊어서 차마 만지지도 못하는 저 노인의 떨리는 손길을 보아라. 꽃을 제대로 바라볼 수 있는 이는 이미 꽃다운 나이를 지나 몸과 마음 모두가 더 이상 꽃일 수 없는 저 노인일지도 모른다.

젊은이들이야 제 자신이 꽃다운 나이이므로 어디 꽃의 신비며 그 깊이에 눈 돌릴 까닭이 있으랴. 고작해야 단 한 번의 일별로 건듯 부는 바람처럼 지나치든가 아니면 살풀이하듯이 함부로 꺾고 짓뭉개려 들 터이다.

만일 그대에게 지난겨울을 안녕히 넘기고 뜰에 있는 매화 옛 등걸처럼 또다시 봄을 맞이하는 어른이 있다면, 어떤가, 하루쯤 좋은 날을 받아 함께 봄맞이 길을 떠나 보는 것이. 그리하여 햇살 바른 언덕에 자리를 펴고 앉아 준비해 온 다기(茶器)에 물을 끓여 어린 쑥잎이며 냉이의 선연한 향기를 음미해 보는 것이. 나이든 어른과 함께 하는 얼마간 고풍스러운 봄맞이에서 아직 젊은 그대는 지금껏 전혀 몰랐던 꽃이며 생명의 신비에 번쩍, 눈을 뜨게 될지도 모른다.

하루해의 봄맞이 여행으로 나무랄 데 없어

경기도 화성은 서남쪽에서 반달 모양으로 수원을 감싸 안은 채, 비산비야로 처녀의 젖가슴처럼 부드러운 구릉을 잇따르며 서해안을 향해 사뿐한 발걸음을 옮긴다. 이를테면 화성의 어디에 자리를 잡고 앉아도 거칠거나 위압적인 산야는 눈에 뜨이지 않아, 나이든 이를 위한 하루해의 봄맞이 여행으로는 나무랄 데가 없는 경관이다. 태안 일대의 목장지대며 보통 저수지와 봉담 저수지를 위시해서 군데군데 빼어난 저수지들이 에메랄드처럼 박혀있는가 하면 남양이며 송산을 거치면 마침내 서해안에 이르러 제부도의 바닷길이 소위 모세의 기적으로 그대를 기다리고 있다.

어디 경관뿐이랴. 남양반도며 조암반도를 위시한 화성 일대의 차진 갯벌에서는 예부터 꽃게며 낙지, 굴을 위시한 해산물이 풍성해서, 하다못해 걸신 걸린 듯 먹어 대는 이를 일러 '남양 원님 굴회 마시듯 한다'는 속담이 나올 정도다.

서해안고속도로에서 발안IC로 빠지거나 수원이나 오산에서 국도를 따라 발안으로 오다 보면 발안 네거리가 나오고 바로 이어 왼쪽으로 양감면으로 가는 43번 국도가 기다린다. 이 길을 따라 10분쯤 달리면 양감면사무소 못 미쳐 오른편에 〈뽕나무골〉(031-353-6220)이라는 예사롭지 않은 음식점이 있다. 일찍이 서울 농대 잠사학과를 나와 누에에 대한 연구로 박사학위를 따고, 농촌진흥청 잠사곤충연구소 소장을 거쳐 내한잠사회 회장을 역임한 임수호 씨가 애오라지 누에로 한길만을 걸어온 끝에 일구어 놓은 필생의 꿈과 노고가 바로 거기에 있는 것이다.

〈뽕나무골〉은 임수호 씨가 30년 가까이 무려 2만여 평에 걸쳐 일구어 놓은 실크타운이라는, 누에농장 · 누에박물관 · 감실 및 누에사육장 · 곤충생태관찰관 · 자연허브온실 · 뽕나무밭 · 오디밭 · 회화나무 삼림욕장 · 단풍나무터널 · 장미터널 산책로 · 실크로드 산책로 · 누에 산책로 · 잔디광장 등 다양한 시설 속에 부속된 식당이다. 기실 〈뽕나무골〉이라는 식당이 우선이 아니라 누에에 미쳐서 일생을 바친 한 사람의 누에에 대한 꿈이 우선 돋보이는 곳이다.

누에 박사가 일구어 놓은 필생의 꿈 실크타운

누에로 만드는 명주 옷감이 중국산 싸구려에 밀려 사양길을 걸으면서, 우리 누에산업은 뽕잎이며 누에를 중심으로 한 기능성 식품으로 방향을 바꾼 듯하다. 누에박물관에는 누에며 뽕나무를 원료로 하여 생산한 여러 제품들이 전시되어 있다.

뽕잎차 · 뽕잎비누 · 실크파우더 · 동충하초 · 오디술 · 뽕나무뿌리와 동충하초를 원료로 한 고급술 불휘에 이르기까지 다양한데, 이 모든 제품에 대한잠사회 회장을 지낸 임수호 씨의 손때가 들어있는 것은 물론이다. 60대의 그이는 불행히도 몇 해 전에 갑자기 몸이 불편해지면서 잠사회의 일을 놓아두고 이곳 실크타운에서 요양 중이다.

중국에서 진시황 때부터 불로초로 알려졌던 동충하초는 겨울에는 벌레로 있다가 여름에는 버섯이 된다는 뜻으로, 원래는 티베트지방에서만 자생적으로 나오는 신비한 약용버섯이었다. 이 동충하초를 우리의 경우 누에를 이용하여 인공적으로 생산해 낸 것이다. 버섯의 종균을 누에에 뿌려 놓으면 몸속에 잠복하여 누에의 단백질을 영양원으로 발육하면서 겨울을 지내다가 이윽고 여름이 되어 온도와 습도가 높아지면 마침내 누에에 자실체를 만들면서 버섯으로 자라나는 것이다.

비장의 동충하초 오리백숙 보신용으로 제격

실크타운에서 〈뽕나무골〉을 직접 운영하는 이는 임수호 씨의 부인되는 김성숙 씨인데, 역시 〈뽕나무골〉이라는 이름답게 뽕나무며 누에와 연관된 요리가 적지 않다. 1인당 1만 5,000원인 뽕나무골 한정식에는 뽕잎전·뽕잎장아찌·뽕잎나물·누에고치의 가루를 원료로 한 실크파우더로 숙성시킨 돼지갈비찜에서

부터 돼지보쌈·조기구이·게장·가오리찜·된장찌개·고추전·물김치·시래기무침·느타리버섯무침·참나물·숙주나물·해파리무침·조개젓 등 한 상 가득히 나온다. 그러나 뽕나무골의 비장의 메뉴는 동충하초오리백숙이다. 먼저 동충하초와 뽕나무뿌리를 오래 삶아서 육수를 낸 다음에 오리를 통째로 넣어 인삼·황기·대추·밤·엄나무·당귀 등의 한약재와 함께 푹 고아낸다.

만일 그대 내외가 어른 내외를 모시고 넷이서 봄맞이에 나선 길이라면 〈뽕나무골〉에서 한정식 2인분과 함께 동충하초오리백숙을 시킬 것을 권한다. 아이들이 한두 명쯤 딸렸어도 무방하다. 안녕하게 겨울을 넘기고 봄을 맞이한 어른들에게 보약 한 첩 지어 준다고 여기면 그다지 부담스럽지 않은 가격일 터이다. 오래 고아서 부드럽게 입안에 넘어가는 오리고기의 담백한 맛도 일품이지만, 동충하초에서부터 각종 한약재까지 어우러진 진한 국물로 쑤어 낸 죽으로 입맛을 마무리 하고 나면, 세상살이의 무엇이 더 이상 부러우랴. 그대가 그렇듯 여유로운 눈길이 되어 뽕잎차 한 잔을 들고 문득 실크타운의 아름다운 경관을 돌아보면, 봄은 한 발 더 성큼 그대에게 다가와 있으리라.

서해안고속도로 비봉 IC를 빠져나와 306번 도로를 타고 송산면으로 오다 보면 사강리에 사강횟집거리가 있다. 그리고 사강횟집거리의 택시터미널 뒷골목에 〈마산횟집〉(031-357-5001)이라는 탁자가 여섯 개밖에 안 되는 작은 식당이 숨어 있다. 〈마산횟집〉이라는 간판은 전혀 사실이 아니다. 주인아주머니 되는 이난용 씨가 17년 전에 처음으로 이곳에 〈마산횟집〉을 열었을 때 달았던 간판이 바로 〈마산횟집〉인데, 지금은 횟집을 하지 않으면서도 아예 간판을 바꿔달 생각이 없이 여전히 옛 간판을 달고 있는 것이다.

〈마산횟집〉이야말로 소문을 모르는 이라면 전혀 찾을 수가 없는 집이다. 그런데 바로 그렇듯 숨어 있는 〈마산횟집〉을 찾아 멀리 서울이나 수원에서 허위허위 달려오는 이들이 있다. 일찍이 시인이면서 교육자로 수원이며 화성이며 오산 일대에서 오래 교육장을 지낸 김윤배 씨도 애써 허위허위 먼 길을 찾아오는 이들 중의 한 사람이다. 그런 〈마산횟집〉의 메뉴는 놀랍게도 딱 한 가지다. 낙지연포탕. 남양만의 차진 갯벌에서 나는 커다란 산낙지만을 재료로 쓰는 낙지연포탕은 1인분에 2만 5,000원이다. 뒷골목에 숨어 있는 위치며 허름한 실내며 17년간이나 바꿔달지 않은 간판 같은 것으로 보면, 낙지 두 마리의 연포탕 가격은 얼핏 이해가 가지 않는다.

어떻게 보면 낙지연포탕이야말로 조리하기에 가장 쉬운 요리가 아닌가. 실제로 〈마산횟집〉의 조리법도 다른 집에 비해 무슨 특이한 비법 따위는 있는 것처럼 여겨지지 않는다. 맹물에 무를 삶다가 낙지를 산 채로 집어넣고 마늘과 소금을 넣어 끓인 다음에 대파와 후추를 넣어서 마무리하는 식이다. 사는 일이며 음식 만들어 돈 버는 일에 별로 크게 마음 두지 않는 듯한 주인아주머니의 무심한

어투에도 무슨 특별한 것은 느껴지지 않는다.

한 번 맛들이면 먼 길 마다않고 찾는 〈마산횟집〉

"비법은 무슨 비법, 그냥 낙지가 생물이다 보니까 맛이 있는 게지."

그런데도 사람들은 한 번 〈마산횟집〉의 연포탕 맛을 들이면 그 맛에 연연해하여 먼 길을 마다하지 않는 것이다. 그런 마산횟집의 비법이라면 어쩌면 바로 주인아주머니의 무심한 마음씨에 있는지도 모른다. 그리고 주인아주머니의 그런 무심함이 연포탕에 배어서 얼핏 다른 집에 비해 싱거운 것 같으면서도 차츰 맑고 시원한 맛이 가슴 저 밑바닥까지 깊게 스며드는 것인지도.

이런 맑고 시원한 맛이라면, 육류를 싫어하는 어른들께는 다시없는 요리일 터이다. 더군다나 원래 낙지 자체가 지방이 적고 단백질이 풍부한데다가 타우린 성분이 들어 있어 성인병에는 물론이거니와 나이든 어른들의 봄 입맛을 찾는 데는 적격이 아니랴. 〈마산횟집〉에서는 연포탕을 시키면 비싼 꽃게 간장게장이 무료로 무한정 나오는데, 간장게장을 좋아하는 이라면 연포탕보다는 싱검싱검한 간장게장만으로 실컷 배불릴 수 있다. 여기에 밑반찬으로 톳나물, 달래, 미나리, 표고버섯무침, 파장아찌, 멸치볶음, 김치가 손 큰 주인아주머니의 품성대로 풍성하게 나온다.

창해상전 추억의 선창포구

발안에서 82번 도로를 타고 조암으로 빠지다 보면 얼마 지나지 않아 월문리 삼거리에서 332번 도로와 나누어진다. 이 332번 도로를 따라 끝까지 가면 선창포구다. 1970년대 말 내가 어머니와 함께 월문리에서 살 때는 수원에서 발안을 거쳐 월문리며 선창포구로 가는 길은 아직 비포장도로였다. 하루에 서너 번 마을 앞을 지나는 버스를 타고 덜컹거리며 15분 가까이 가다 보면 마침내 선창포구였는데, 아아, 바다 쪽으로 길게 뻗어나간 제방을 경계로 끝 간 데 없이 펼쳐져 있는 황량한 갯벌이라니! 제방 위에 아무렇게나 지은 낮은 지붕의 움막 서너 채와 함께 선창포구의 풍경은 흡사 세상의 끝에라도 온 듯 분위기였다.

그래서였을까. 아직 서른 살의 젊은 나이가 너무 무겁게만 여겨지던 나는 끝 간 데 없는 갯벌이며 낮은 지붕의 움막들이 마치 내면의 풍경인 양 전혀 낯설지 않아서 곧잘 선창포구를 찾았다. 그리고 어부들을 상대로 하는 움막 한 곳의 구멍가게에서 네 홉들이 소주와 새우깡을 사들고 제방 위에 앉아 자신의 내면에 있는 황량한 풍경을 바라보며 병나발을 불었다. 그렇게 낮술에 취해 기절이라도 하듯이 혼곤히 잠 속으로 빠져들고는 했는데, 그러다 보면 주변에서 웅성거리는 사람들의 목소리에 잠이 깰 때도 없지 않았다. '어어, 안 죽고 살았네!' 그이들은 나의 혼곤한 낮잠을 자살을 하려고 음독이라도 한 것으로 여긴 것이었다. 얼마 후 영화감독 이장호 씨며 배창호 씨와 함께 이곳을 찾았을 때, 이장호 씨도 첫마디로 꺼내었다. '자살하기에는 더 없는 곳이네!'

1980년대가 되어 수원에서 발안은 물론 선창포구까지 포장도로가 나자, 어느 날 문득 선창포구는 횟집이며 생선가게들이 우후죽순처럼 생겨나면서 인근에서는 유명한 횟집거리가 되었다. 선창횟집·주곡리횟집·소문난 횟집·이어도횟집·판장횟집·진명횟집·서해바다횟집·군산횟집······. 나는 횟집에 앉아 술을 마시면서도 어쩐지 누군가에게 내 젊은 날의 소중한 장소를 빼앗겨 버린 것 같은 상실감을 어쩔 수가 없었다. 그리고 2000년대에 접어든 어느 해에 다시 선창포구를 찾았더니 제방 너머로 끝 간 데 없이 펼쳐졌던 갯벌은 물론 바다마저도 거짓말처럼 사라져 버린 것이었다. 그와 함께 횟집거리로서의 선창포구도 화려한 번성의 한때를 지나 경기가 시들해지면서 빈 가게들이 늘어나고 있었는데, 횟집의 유리창 너머로 아프게 눈을 찔러오는 것은 갯벌 대신 생겨난 간척지의 생뚱한 풍경이었다.

이천 신둔 · 사기막골

고향을 잃은 이들은 '이천쌀밥'을

올해도 한가위가 되자 고향을 찾아 조상을 뵙는 1천만 명에 가까운 귀성객과 역귀성객들로 인하여 고속도로는 물론 국도까지도 어김없이 몸살을 앓았다. 그렇듯 해마다 무슨 연례행사처럼 고향을 찾는 전 국민적인 귀소본능에는 어쩐지 눈물겨운 데가 없지 않다.

언제부터인가 우리나라에 빠르게 도시화가 진행되고 덩달아 경쟁사회 체제에 들어가면서, 너나없이 속도를 가늠할 수 없는 변화와 혁신의 급물살 속에 빠져들게 되었다. 그리고 급물살의 눈이 뒤집힐 것 같은 속도감을 더 이상 견디지 못하여 뒤로 쳐지거나 튕겨져 나온 이들은 자칫 낙오자라는 관형어를 이름 앞에 붙여야 했다. 그런 경쟁사회의 급물살 속에서 얼핏 눈을 돌려 보면, 직장이나 길거리 심지어 가정에서마저도 잠시나마 몸과 마음을 이완시켜 휴식을 취할 만큼 여유로운 공간이 단 한군데라도 있던가. 어쩌면 조금치의 여유도 허용되지 않는 저마다의 일상생활이 한가위가 되면 무슨 사생결단의 중대사처럼 저마나 고향을 찾아 나서게 하는 것인지도 모른다. 그리하여 끝내는 전국의 고속도로며 국도를 거대한 주차장으로 만드는 것인지도.

어렵사리 고향을 찾는 이들은 그나마 행복한 편인지도 모른다. 벌써 오래 전부터 고향을 잃어버린 실향민들, 그리고 고향이라고 해 봤자 누구 하나 반겨 줄 연고자 하나 없이 차라리 타향보다 더 낯선 곳이 되어 버린 이들에게는 한가위의 유난히 커다랗고 샛노란 보름달이 무슨 비수처럼 눈에 아프게 박혀 오리라. 여우도 늙으면 제가 태어난 곳을 향해 머리를 돌린다고 하지 않던가.

20여 가지 반찬 추석상 부럽잖아

그대가 만일 한가위의 커다란 달이 눈에 박혀 오래 아팠다면, 비단 그대만이 아니라 가까운 이 또한 한가위의 달 때문에 오래 눈이 아팠다면, 그대는 추석 뒤끝의 가을볕이 좋은 날 가까운 이와 함께 훌쩍 3번 국도를 따라 이천으로 길을 나서고 볼 일이다. 그리하여 광주를 지나고 곤지암을 지나, 마침내 도예촌으로 유명한 신둔과 사기막골 어름에서 걸음을 멈출 일이다.

그대는 이미 곤지암을 지나 넋고개라고 불리는 야트막한 고갯길을 지나면서부터 갑자기 눈에 띄기 시작하는 '이천쌀밥'이라는 똑같은 이름의 입간판들을 여러 번 보게 되리라. 얼핏 헤아려 보아도 신둔 도예촌 일대의 '이천쌀밥'이라는 입간판은 20여 개가 넘는다. 그대는 딱히 어디랄 것이 없이 마음 내키는 대로 입간판들 중의 한 곳을 골라도 무방하다. 어느 이천쌀밥집을 들어가도 그대는 윤기가 자르르 흐르는 이천쌀밥과 함께 20여 가지의 반찬들이 가득한 상차림과 마주 앉게 되리라. 이만한 상차림이라면 여느 추석상 부럽지 않게 한껏 넉넉하다.

그대가 다소 입맛이 까다로운 이거나 그만큼 맛의 미묘한 차이에 민감한 이라면, 그대는 우선 넓고개 마루턱에 있는 〈고미정〉(031-634-4811)을 찾기 바란다. 고미정의 주인은 이름이 고미정(高美貞)인데, 이 이가 바로 3번 국도변에 이천쌀밥집이 있게 한 원조다. 같은 업종의 음식골목에는 대체로 서로 원조임을 내세우는 원조경쟁이 심한 법인데, 이천쌀밥의 경우 고미정이 원조라는 데는 이견이 없는 듯하다. 원래는 신둔면 소재지가 있는 신둔 도예촌에서 1991년에 도예가인 남편 천세영 씨가 하는 성원요(星源窯)의 전시장 옆에 '이천쌀밥'이라는 옥호를 걸고 30평 남짓한 한식당을 열었다가 그 후에 넓고개로 자리를 옮겨 '이천쌀밥'을 차렸는데, 그 후 이 '이천쌀밥'은 오빠인 고제원에게 넘겨주고 바로 옆에 새로 집을 지어 고미정이라는 자신의 이름을 옥호로 내건 것이다.

이천의 대명사…… 자신 이름을 옥호로

〈고미정〉을 열면서 주인 고미정은 벌써 자신의 고유한 옥호가 아니라 이미 이천을 대표하는 대명사처럼 되어 버린 이천쌀밥이라는 상차림을 포기하고 한정식 상차림으로 바꾸었다. 이 고미정 한정식은 1만 원과 2만 원, 3만 원의 상차림이 있다. 1만원 상차림은 구절판, 홍어무침, 삼색전, 잡채, 편육보쌈, 야채샐러드, 조기구이, 계란찜 등에다가 각종 밑반찬과 함께 된장찌개를 내고, 2만 원 상차림은 1만 원짜리에 닭찜, 불고기, 더덕구이, 도토리묵을 더하고, 3만 원 상차림은 거기에다가 홍어삼합, 갈치조림, 황태구이, 소갈비찜을 덧붙이는데, 이를 테면 이천쌀밥을 고미정이라는 자신의 이름으로 고급화한 셈이다.

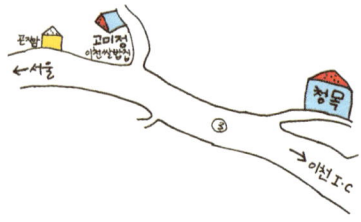

이천에서 거주하고 있는 시인 양용직은 3번국도 도예촌 주변의 숱한 이천쌀집들 중에서 〈청목〉(031-634-5414)을 가장 서민적이면서도 맛이 뛰어난 집으로 꼽았다. 그의 말로는 음식에 대한 정성이 다른 집과는 남다르다는 것이었다. 실제로 1인분 9,000원짜리 영양쌀밥 상차림은 적게 남기고 많이 판다는 주인 강춘모의 주장이 아니더라도, 값에 비해 넘치다시피 풍

족해 보였는데, 일일이 반찬그릇을 헤아려 보니 24가지나 되었다.

간장게장, 비지찌개, 조기조림, 꽁치구이, 우거지찌개, 겉절이, 장조림, 편육보쌈, 부침개, 호박잎쌈, 상추와 치커리 등속의 야채쌈, 잡채, 김, 고추조림, 젓갈 이외에도 취나물, 비름나물, 고무마순 등을 위시한 각종 나물들……. 이런 상차림 앞에서 주인은 사람 좋아 보이는 얼굴에 한껏 자랑스러운 기색을 띤 채, 야채들 대부분 직영 농장에서 손수 기른 것들임을 내세웠다.

도예촌 방문은 필수

이천의 3번국도변에 있는 설봉공원에서는 해마다 10월 무렵에는 이천도자기축제가 열리고 있다. 국제공모전, 세계현대도자전, 도자퍼포먼스 등 다양한 프로그램이 있어서 도자기의 모든 것을 만끽할 수 있는데, 특히 체험관에 들러 스스로 도공이 되어 도자기를 만들어 볼 수도 있다.

비단 축제 때뿐만이 아니라도 설봉공원에는 이천세계도자기센터와 전통가마, 토야흙놀이공원 등이 상설되어 있어 자녀들과 함께 하는 나들이 코스로는 더할 나위없다.

그리고 가까운 신둔도자촌이나 사기막골 도자촌에 들리면 값비싼 명품뿐만이 아니라 뜻밖에도 반찬그릇이며 주발 밥공기 등 생활도자들이 1,000원에서부터 비싸야 5,000원을 넘지 않는 선에서 파는 곳도 눈에 띈다. 이왕 이천 나들이에 나선 김에 몇 가지 생활도자들을 사면 어떨까. 그리하여 가까운 이웃들에게 선물을 한다면 어떨까. 받는 이는 물론 주는 이까지도 이 가을이 느닷없이 포근하고 정겹게 여겨지지는 않을까.

여주 〈걸구쟁이네〉

엄동설한(嚴冬雪寒), 그야말로 깊은 한겨울이다.

겨우살이 짐승들은 가장 깊은 잠에 빠진 채 더 이상 체온을 빼앗기지 않기 위하여 한껏 몸피를 움츠릴 터이며, 벌거벗은 나목들도 더 이상 수액을 얼리지 않기 위하여 한껏 중심을 뿌리에 내릴 터이다.

모든 생명들이 그야말로 살아남기 위하여 안간힘으로 혹독한 추위에 맞서고 있을 때, 어디 사람이라고 다르랴.

더군다나 혹독한 추위가 비단 수은주만은 아닌, 사람살이의 여러 어려움에서 오는 것이라면 더욱 몸피를 움츠리고 차라리 주검이듯 뿌리 밑바닥으로 잦아들 터이다.

한겨울 소풍농월에 어울리는 여주 8경

추위며 사람살이가 더 이상 견디지 못하게 혹독하다면, 그대는 오히려 정면으로 맞서 소중한 이와 함께 밖으로 나가 보자. '소풍농월(嘯風弄月)'이라는 멋스러운 말이 있다. 바람에 휘파람을 불고 달을 희롱하며 기꺼이 한 몸이 되는 경지를 이른다. 어떤가, 차라리 저 바람이며 달만은 아닌 엄동설한과도 어울려 기꺼이 한 몸이 되어 보는 것이.

서울에서 한 시간 거리인 여주에는 뜻밖에도 소풍농월에 어울리는 풍광들이 많다. 동국여지승람에는 '여주팔경' 혹은 '금사팔경'이라 하여 여주의 빼어난 풍광 8가지로, 여주 일대의 남한강을 일컫는 여강에 내려앉는 기러기, 청심루에서 바라보는 달빛, 포구로 돌아오는 돛단배, 학동마을의 저녁연기, 신륵사의 종소리, 마암 아래 떠있는 고깃배들의 등불, 영릉의 푸른 신록, 팔대수의 청청한 숲을 꼽았다. 과연 어느 곳에나 드맑게 고답한 기운이 서려 있어, 소풍농월의 그대를 금방이라도 감싸 안을 풍광이다.

'여주팔경' 중에서도 나로서는 신륵사 종소리를 우선하지 않을 수가 없다. 1980년대에 신륵사에는 원경(圓鏡) 스님이 주지로 주재하고 있었는데, 나는 거의 사흘이 멀다 하고 신륵사를 찾았다. 물론 원경 스님을 찾아서이다. 모르기는 해도 나는 자신이 지닌 어느 하나 마음에 드는 것이라고는 없는 혹독한 시절이었을 터이다. 어느 때는 스님을 따라 나 또한 머리를 깎고서 단식을 하거나 혹은 한 달 넘어 머물면서 새벽이나 저녁이면 예불 대신에 신륵사의 종을 치기도 하였는데, 아아, 머리끝부터 발끝까지 관통하여 마침내 온 누리로 퍼져가던 종소리의 파장과 진동이라니! 처음에는 속된 중생의 손에 의하여 울리는 종소리가 혹여 삼십삼천의 뭇생명들을 잘못 인도할까 두려워 심장마저 벌벌 떨려났으나, 차츰 내 손으로 울리는 서른세 번의 종소리가 뭇생명들을 깨우고 또한 잠재울 수 있으리라는 원력이 더욱 커져갔다. 그러다 보면 또 알랴, 어느 날 새벽에 저 종소리의 파장과 진동 속에서 마침내 자신의 어떤 무지함에도 번쩍 눈뜨게 될지.

원경 스님을 처음 대한 것은 1970년대 중반이었다. 그때 스님은 역시 여주에 있는 흥왕사라는 절에서 주재하고 있었는데, 신륵사와는 달리 달랑 대웅전과 요사채만 있는 참으로 빈한한 절이었다. 절 식구 또한 빈한한 절답게 원경 스님과 벌써 허리가 많이 굽은 공양주보살 이렇게 달랑 둘이었다. 당시 작가 송기숙, 작가 황석영, 시인 조태일, 작가 이문구, 시인 이시영 등의 여러 문인들이 어울려 원주의 김지하 시인 집에 갔다가 서울로 돌아가는 길이었는데, 여주를 지나는 어름에 황석영 선배가 갑자기 원경 스님 이야기를 꺼내어, 에라, 이왕 말이 나온 김에, 하고 흥왕사를 찾은 것이었다. 이미 원주에서 술이 거나해진 일행은 흥왕사에 오를 때도 아랫마을에서 한 말들이 막걸리 두어 통을 들고 올라와 대웅전 앞마당에 대뜸 술판부터 차렸는데, 송기숙 선생이 원경 스님에게 시비를 걸었다.

신륵사 종소리 뭇생명 일깨우고……

"어이, 원경, 저 부처가 내 동생인데, 그러면 자네하고 나는 촌수가 어떻게 되는 것이여?"

그러자 원경 스님이 호쾌하게 껄껄, 웃어넘겼다.

"부처님 촌수야 너무 어려우니까 따지지 말고, 까짓것 저하고도 그냥 형님 아우 합시다. 형님!"

"좋아, 그러면 부처 대신 아우가 먼저 내 술 한 잔 받게."

"좋지요."

원경 스님은 막걸리 사발을 들어 단숨에 들이켜더니 다시 송기숙 선생에게 넘겼다. 그런 원경 스님을 대경으로 우러러보는 나에게 누군가가 귓속말로 '저 스님, 남로당 당수 박헌영의 아들이야' 라고 소곤거렸다. 순간 나는 자신도 모르게 흠칫하여 사방을 두리번거렸다. 낮말은 새가 듣고 밤말은 쥐가 듣는다는 속담대로, 행여 이름 모를 새라도 근방에서 귓속말을 엿들을까 싶어서였다.

시절이 많이 좋아진 지금이야 하늘이며 땅에 대놓고 무슨 말인들 못하랴. 그러나 당시로서는 박헌영이니 공산당이니 하는 말은 무슨 비상(砒霜)보다도 더 무서운 독극물이었다. 그리고 아주 오랜 훗날 알았지만, 허리가 많이 굽은 공양주보살은 바로 원경 스님의 어머니였다. 빈한한 절, 한 사람은 스님이 되고 또 한 사람은 그 스님의 옆에서 공양주보살 노릇을 하는 박헌영 남로당 당수의 살붙이들. 역시 세월이 아주 많이 흐른 후에도 흥왕사 시절의 원경 스님만 떠올리면 어쩔 수 없이 눈시울이 젖어 온다. 벌거벗은 나목이듯 뿌리를 밑바닥에 깊이 내리고 숫제 주검처럼 살아온 모자에게는 사람살이가 사시사철 엄동설한이 아닌 때가 없었으리라.

소풍농월의 여주에 어찌 드맑게 고답한 맛이 뒤따르지 않으랴. 신륵사 입구에서 원주로 가는 도로로 5킬로미터쯤 달려 강천면 이호나루를 지나면 바로 목아불교박물관이라는 새로운 관광명소가 나온다. 그리고 그 박물관의 한쪽에 있는 듯 없는 듯 수줍게 사찰 음식을 전문으로 하는 '걸구쟁이네'(031-885-9875)가 있다.

그러나 걸구쟁이네에 가기에 앞서 반드시 박물관에 들러 먼저 눈을 맑게 할 일이다.

오신채·육류·해물 없지만 진수성찬

목아불교박물관의 목아(木芽)는 박찬수 관장의 호인데, 목조각 부문의 무형문화재 제108호인 그이가 필생으로 빚어내거나 수집한 6,000여 불교 관련 작품들을 2,600여 평의 드넓은 터에 전시해 놓은 곳이 목아불교박물관이다. 박물관 정문을 들어서자마자 시작되는 야외조각공원에는 연못이며 수목들 주변에 돌이며 청동 같은 재료로 정교하게 빚어낸 미륵삼존대불, 백의관음상, 비로자나불, 3층 석탑 등 40여 작품이 전시되어 있는데, 특히 눈길을 끄는 것은 미륵삼존대불이다. 높이가 15미터에 이르는 미륵삼존대불은 제작기법이 종전의 여느 부처상과는 달리 몸체 자체의 선을 반추상 기법으로 과감하게 처리하여 현대적인 세련미를 느끼게 한다. 이밖에도 인도의 석굴사원을 모방했다는 지상 3층, 지하 1층의 붉은 벽돌건물인 전시관은 외양부터 아름답지만, 안에 있는 여러 전시품을 둘러보다 보면, 박물관장의 예술적 성취뿐만 아니라 깊은 종교적 심성 또한 무슨 향기처럼 저절로 보는 이의 가슴에 드 맑게 스며온다.

〈걸구쟁이네〉는 주인인 안은자 씨가 태어나서 자란 '걸구쟁이'란 동네 이름에서 따온 것인데, 바로 인근에 있는 강촌면 걸구쟁이에서 나고 자라 마흔 나이에 사찰 음식을 전문으로 하는 주인의 순진한 인상에 잘 어울리는 느낌이다. 원래 사찰 음식은 오신채라 불리는 파, 마늘, 달래, 부추, 훙거를 멀리 하고, 육류며 해류 따위 고기를 일체 쓰지 않은 고답한 음식이다. 오신채며 고기 대신에 스님들의 수행 중에 부족한 기름기는 깨며 콩, 부각 등으로 보충하고, 계절마다 산야에서 나오는 냉이나물, 취나물, 유채나물, 곤드레, 씀바귀, 소루쟁이, 고사리, 도라지, 머위, 근대, 곰취 등 각종 싱그러운 나물들을 주로 한다. 오이며 고추, 무, 가죽나물, 깻잎, 콩잎, 더덕, 산초 같은 여러 장아찌류에 버섯구이, 호박꼬지, 박꼬지, 산초두부, 장떡, 도토리묵무침에 된장국이며 청국장까지 곁들이면, 그야말로 한상 떡 벌어진 진수성찬이다. 〈걸구쟁이네〉는 사찰정식(1만 5,000원) 이외에도 도토리 요리도 전문으로 해서, 도토리수제비(6,000원), 도토리묵밥(5,000원), 도토리충떡(5,000원), 도토리묵(1만 원)이 있고, 각각 8,000원짜리인 곤드레돌솥밥, 취나물돌솥밥, 산나물돌솥밥에, 모듬버섯전이며 장떡도 있다. 어느 것이나 안주 삼아 곡차라고 부르는 동동주 몇 사발까지 거나하게 마실 수가 있다.

12가지 한약재 사용한 별미 돼지고기 보쌈

만일 여러 이유로 목아불교박물관이며 사찰 음식이 저어된다면, 역시 신륵사에서 원주로 가는 도로에서 박물관으로 가는 도중에 북내면으로 접어들 일이다. 거기에 넓은 벌을 앞마당 삼아 무슨 사대부 집안처럼 고풍스러운 전통한옥의 형태의 〈예닮골〉(031-883-5979)이 있다. '예닮골'이란 그대로 옛날을 닮은 마을이란 뜻인데, 얼핏 둘러보아도 뜰 안의 대청마루며 물레방아에서 가옥 뒤편의 장독대며 심지어 화장실에 이르기까지, 어디에든 주인 되는 이순옥 씨의 섬세한 손길이며 마음씨가 쉽게 묻어난다.

〈예닮골〉의 맛은 무엇보다도 예닮정식(1만 2,000원)이 우선이다. 무려 12가지 한약재를 사용하여 돼지고기 특유의 비린내를 없앤 돼지보쌈에다가 묵은 김치에 시래기를 섞고, 두부며 당면, 고기를 사용하여 커다랗게 빚은 왕만두에, 뚝배기 위로 샛노란 연꽃처럼 예쁘게 부풀어 오른 계란찜이며 된장찌개와 김치찌개, 고등어조림, 동치미, 망초대, 시래기무침, 표고버섯볶음, 도토리묵, 잡채, 짜배기김치, 멸치볶음, 고추장아찌, 무장아찌, 멸치조림 등 25가지에 이르는 반찬이 커다란 상이 좁으라고 가득 펼쳐진다. 게다가 이천쌀에 못잖은 여주쌀의 기름진 쌀밥이 나오고, 끝머리에는 누룽지까지 기다리고 있다. 아니, 식사를 끝내기 전에 주인이 자랑하는 예닮주를 반드시 맛볼 일이다. 전통적인 비법

에 따라 빚었다는 예닮주의 누룩냄새가 은은하게 남아있는 향이며 입에 살갑게 감쳐드는 감칠맛은 얼마든지 자랑해도 좋았다.

전통차 손수 끓여보세요

여주에서 돌아오는 길에 뭔가 미진하다면 마지막으로 신륵사 앞에 있는 세계도자기엑스포의 토야도예공방에 들러보자. 내가 즐겨 찾던 1980, 1990년대와는 달리 신륵사 앞 넓은 강변이며 들판은 어느 새 관광지가 되어 강에는 황포돛배가 떠있고, 강변에는 보트장이며, 퍼팅장, 야영장 같은 다양한 체육시설이 들어서 있고, 산뜻한 외양의 식당이며 숙박시설들이 또한 뒤따르고 있어, 옛날의 황량한 강변이며 들판만 기억하고 있는 나의 눈을 차라리 설게 만든다.

그런 신륵사 일대에서도 먼저 돋보이는 것은 단연 재단법인 세계도자기엑스포 건물들이다. 생활도자전시관을 비롯하여 토야도예공방 건물이 드넓은 공간을 차지하며 시원시원하게 들어서 있어서 보는 이의 발길을 저절로 이끈다.

토야도예공방은 이를테면 세계도자기엑스포를 찾는 고객들을 위한 서비스 공간이다. 직접 도자기를 빚어 볼 수 있는 '흙체험'에서부터 도예작가가 될 수 있는 '도예교실', 아이들을 위시한 가족 모두가 즐길 수 있는 '흙놀이', 전통차를 마시며 쉬어갈 수 있는 '토야다실'까지 모두 비영리로 운영

되고 있다.

이중에서 〈토야다실〉(031-884-8552)은 전통차를 다룰 줄 모르는 이에게도 본인이 손수 차를 즐기게끔 찻물을 끓이는 법부터 차를 마시고 난 후 설거지에 이르기까지 친절하게 가르쳐 준다.

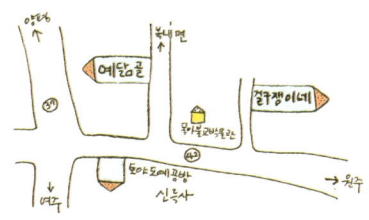

그리고 본인이 직접 고른 도자기 찻잔으로 차를 담아 입안에 오래 맴도는 드맑은 차향을 얼마든지 즐긴 끝에, 나중에는 도자기 찻잔도 집으로 가져갈 수가 있다. 차향을 즐기고 도자기 찻잔을 챙기는 값이 불과 커피 한 잔 값인 5,000원이다. 토야도예공방의 휴무인 월요일만 제외하면 언제든지 〈토야다실〉을 이용할 수 있다.